Wolfgang Schaumann
Rudolf Steiners Kurs für Landwirte
Eine Einführung

Recycling-Papier - ein Beitrag zum aktiven Umweltschutz

Die Stiftung Ökologie & Landbau (SÖL) druckt ihre Publikationen seit 1979 auf grauem Recyclingpapier. Seit 1992 verwendet sie das hellere Resaprintpapier, das zu 100 Prozent aus Altpapier ohne Chlorbleiche hergestellt wird. Damit können wir unseren Lesern ein optisch ansprechendes Schriftbild auf hellem Hintergrund anbieten, das die Lesbarkeit erleichtert. Seit Gründung der Stiftung (1962) bemüht sich die SÖL, ihre Schriften so umweltfreundlich wie möglich zu produzieren und zu verpacken. So sind unsere Bücher z. B. auch nicht in Folien eingeschweißt.

WOLFGANG SCHAUMANN, geb. 1924, Dr., studierte nach der Kriegsgefangenschaft Tiermedizin. Gleichzeitig Kennenlernen der Anthroposophie, insbesondere Rudolf Steiners „Philosophie der Freiheit". Vorstandsarbeit im „Forschungsring für Biologisch-Dynamische Wirtschaftsweise" und im Demeterbund. Kontakte zur landwirtschaftlichen Forschung und planende Mitwirkung im „Institut für Biologisch-Dynamische Forschung". Mitglied der Hochschule für Geisteswissenschaft in Dornach/Schweiz sowie Mitbegründer der Landbauschule Dottenfelder Hof in Bad Vilbel.

Wolfgang Schaumann

Rudolf Steiners Kurs für Landwirte

Eine Einführung zu

„Geisteswissenschaftliche Grundlagen zum Gedeihen der Landwirtschaft"

Landwirtschaftlicher Kursus

Acht Vorträge, eine Ansprache und vier Fragenbeantwortungen, gehalten in Koberwitz bei Breslau vom 7. bis 16. Juni 1924; erschienen im Rudolf Steiner Verlag, Dornach, Bibliographie Nr. 327, Leinenausgabe, 6. Auflage, 1984, Taschenbuchausgabe, 1989

SÖL-Sonderausgabe Nr. 46

Stiftung Ökologie & Landbau

Alle in diesem Buch enthaltenen Angaben, Ergebnisse usw. wurden von den Autoren nach bestem Wissen erstellt und von ihnen sowie der Stiftung Ökologie & Landbau mit größtmöglicher Sorgfalt überprüft. Dennoch sind Fehler nicht völlig auszuschließen. Daher erfolgen alle Angaben usw. ohne jegliche Verpflichtung oder Garantie des Verlages oder der Autoren. Beide übernehmen deshalb keinerlei Verantwortung und Haftung für etwa vorhandene inhaltliche Unrichtigkeiten.

Die Deutsche Bibliothek - CIP-Einheitsaufnahme

Schaumann, Wolfgang:
Rudolf Steiners Kurs für Landwirte : eine Einführung zu "Geisteswissenschaftliche Grundlagen zum Gedeihen der Landwirtschaft" ; landwirtschaftlicher Kursus ; (acht Vorträge, eine Ansprache und vier Fragenbeantwortungen, gehalten in Koberwitz bei Breslau vom 7. bis 16. Juni 1924 ...) / Wolfgang Schaumann. - Holm : Deukalion, 1996
  (SÖL-Sonderausgabe ; Nr. 46)
  ISBN 3-926104-46-5
NE: Stiftung Ökologie und Landbau: SÖL-Sonderausgabe

© 1996. Stiftung Ökologie & Landbau (SÖL),
Weinstraße Süd 51, D-67098 Bad Dürkheim   11 96 3

Bezug: DEUKALION Verlag,
Postfach 1165, D-25488 Holm

Titelgrafik: aus Rudolf Steiner: Tafelzeichnungen zu den Vorträgen: „Geiteswissenschaftliche Grundlagen zum Gedeihen der Landwirtschaft. Landwirtschaftlicher Kursus"
(Koberwitz 1924). © Rudolf Steiner Verlag, Dornach/Schweiz

Druck: Rohr Druck GmbH, D-67657 Kaiserslautern

ISBN 3-926104-46-5

Inhalt

Vorwort 7

Einleitung 9

1. Vortrag
Das Leben der Erde und des Kosmos 37

2. Vortrag
Die landwirtschaftliche Individualität 61

3. Vortrag
Die Elemente des Eiweißes als Träger der
Kräfte des Lebens 85

4. Vortrag
Düngen: Beleben und Astralisieren der Erde 103

5. Vortrag
Die richtige Substantiierung des Düngers 117

6. Vortrag
Die Individualisierung in den Maßnahmen
der Landwirtschaft 123

7. Vortrag
Die naturintimeren Wechselwirkungen:
Das Verhältnis von Feldwirtschaft, Obstwirtschaft
und Viehzucht 131

8. Vortrag
Das Wesen der Fütterung 139

Zusammenfassung 153

Anhang 157

Adressen 159

Vorwort

Zu Pfingsten 1924 hielt Dr. Rudolf Steiner (1861-1925) auf die dringliche Bitte von Landwirten und Gärtnern acht Vorträge über „Geisteswissenschaftliche Grundlagen zum Gedeihen der Landwirtschaft" (der sogenannte Landwirtschaftskurs) in Koberwitz bei Breslau. Er ging dabei nicht nur auf naturwissenschaftliche Gesichtspunkte ein, sondern auch von ihm beobachtete immaterielle Kräfte verschiedener Art, die vom Kosmos ausgehen und in allen Lebensvorgängen eine wichtige Rolle spielen. Durch die im Kurs beschriebenen Präparate, die der Landwirt selbst herstellen kann, sollen sie verstärkt werden. Rudolf Steiner dazu: »Gerade bei der Landwirtschaft zeigt es sich, daß aus dem Geiste heraus Kräfte geholt werden müssen, die heute ganz unbekannt sind und die nicht nur die Bedeutung haben, daß etwa die Landwirtschaft ein bißchen verbessert wird, sondern die Bedeutung haben, daß überhaupt das Leben der Menschen - der Mensch muß ja von dem leben, was die Erde trägt -, eben weitergehen könne auf Erden auch im physischen Sinne«.

Um diese Impulse von Steiner zu verstehen, muß man sehr tief in die Thematik einsteigen. Seine Vorträge wurden 1924 mitstenografiert und erst 1929 publiziert. Doch auch nach deren Lektüre hat man noch Schwierigkeiten, alles zu verstehen. Sie gehören zu den kompliziertesten seiner Werke. Was bisher gefehlt hat, war ein Kommentar dazu. Deshalb hat die Stiftung Ökologie & Landbau Dr. Wolfgang Schaumann (ehemaliges Kuratoriumsmitglied der SÖL) gebeten, eine kurze und prägnante Erläuterung dazu zu schreiben. Dieses Buch ist somit keine praktische Anleitung. Wer hierzu eine umfangreiche Darstellung sucht, dem sei das Handbuch von Koepf/Schaumann/Haccius: „Biologisch-Dynamische Landwirtschaft" (Verlag Eugen Ulmer, 4. völlig neubearbeitete und neugestaltete Auflage, 1996) empfohlen.

Wir danken dem Autor, daß er diese schwierige Aufgabe übernommen hat und hoffen, daß die vorliegende Broschüre zum Verständnis der biologisch-dynamischen Wirtschaftsweise beiträgt.

Bad Dürkheim, im September 1996

Immo Lünzer
Stiftung Ökologie & Landbau

»Unter Anthroposophie verstehe ich eine wissenschaftliche Erforschung der geistigen Welt, welche die Einseitigkeiten einer bloßen Naturerkenntnis ebenso wie diejenigen der gewöhnlichen Mystik durchschaut und die, bevor sie den Versuch macht, in die übersinnliche Welt einzudringen, in der erkennenden Seele erst die im gewöhnlichen Bewußtsein und in der gewöhnlichen Wissenschaft noch nicht tätigen Kräfte entwickelt, welche ein solches Eindringen ermöglichen. «

Rudolf Steiner
(Begründer der Anthroposophie)

Aus: Rudolf Steiner Gesamtausgabe, Nr. 35,
„Philosophie und Anthroposophie"

Einleitung

Mit den folgenden Zeilen liegt die Absicht vor, den Vortragskurs, den Dr. Rudolf Steiner 1924 über Landwirtschaft gehalten hat, dem Leser leichter und schneller zugänglich zu machen. Das ist mit Einführung gemeint. Ähnlich wie zu einem Seminar in höheren Semestern eines Studienganges nur derjenige Zutritt hat, der an Lehrveranstaltungen niederer Semester teilgenommen hat, hat Steiner für die Teilnehmer anthroposophische Grundkenntnisse verlangt und beim Sprechen vorausgesetzt. Ferner handelt es sich um mitstenographierte, frei gesprochene Vorträge, die vom Vortragenden nachträglich nicht durchgesehen worden sind. Beides sind Gründe dafür, daß diese Texte nicht leicht verständlich sind.

Eine prinzipielle Schwierigkeit liegt in den erfahrungsgemäß sehr unterschiedlichen Bedürfnissen und Voraussetzungen der Leser. Ich habe mich bemüht, so zu schreiben, daß es auch einer wissenschaftlichen Auseinandersetzung gerecht werden kann. Aber die meisten Leser erwarte ich unter den Praktikern. Das Dargestellte geht aus einer langen Beschäftigung mit den Inhalten hervor und war keineswegs nur eine einsame geistige Arbeit. Zunächst dominierten in vielen gemeinsamen Bemühungen die älteren Freunde, die sich schon Jahrzehnte vor mir damit befaßt hatten. Schließlich wurden es viele Jahrgänge junger Interessenten. Sie alle haben in gewisser Weise daran mitgewirkt. Das ändert nichts daran, daß der Inhalt meine persönliche Auffassung darstellt und persönlich verantwortet wird. Herzlich danke ich den kritischen Lesern des Entwurfes! Selbstverständlich kann es an vielen Punkten auch unterschiedliche Meinungen geben, doch habe ich mich natürlich bemüht, über bloße Meinungen hinauszukommen. Ganz besonders die Auswahl der kommentierten Stellen würde ein anderer möglicherweise anders treffen. Denn eine Bemühung oder gar ein Anspruch auf Vollständigkeit ist so fern wie möglich. In allen Fällen kommt es auf eine genaue Gedankenarbeit des Lesers an, so daß die wahren Bedürfnisse vielleicht gar nicht so weit auseinanderliegen. Jeder kann schnell überlesen, was ihn vielleicht weniger interessiert. Die Hauptschwierigkeit liegt jedoch darin, daß Steiner auch im Landwirtschaftskurs aus seiner übersinnlichen Beobachtung geschildert hat und dies oft ganz unmittelbar. In seinem in die Anthroposophie einführenden Buch „Theosophie" sagt er:

»Er (der Geistesforscher) meint immer nur: Dies habe ich erlebt in den geistigen Gebieten des Daseins, und ich erzähle von diesen meinen Erlebnissen.« [1]

Aber diese Berichte stammen nicht nur wie aus einem anderen Land, sondern von *prinzipiell* andersartigen Erfahrungen als denen durch die Sinne. Außerdem ist unsere Sprache weitgehend an den durch die Sinneserfahrung vermittelten Erlebnissen gebildet. Der sprachliche Ausdruck des übersinnlich Erfahrenen ist daher eine weitere Schwierigkeit, der sich auch die Hörenden und Lesenden bewußt sein müssen. Es kann also nicht daran gedacht werden, daß man die Inhalte eines solchen Kurses schnell aufnehmen und leicht verstehen könnte.

Die Biologisch-Dynamische Wirtschaftsweise ist die 1924 begründete, erste systematisch von vielen Landwirten betriebene, bewußt-ökologische Landwirtschaftsmethode. Abgelesen an der Natur, in welcher alles Leben in Lebensgemeinschaften existiert, wird der landwirtschaftliche Betrieb als biologisches System betrachtet und bewirtschaftet, in dem alles mit allem zusammenhängt und durch den Menschen in einen anderen förderlichen

---

1 Steiner, R., 1904: Theosophie. Kap. Der Pfad der Erkenntnis.

Zusammenhang gebracht wird. Das Wort „System" kann vielleicht dazu verleiten, diesen Zusammenhang als etwas Festgelegtes aufzufassen, wie bei einem Computerprogramm. Ein lebendiger Organismus hat aber nicht nur seinen Stoffwechsel und seine Wahrnehmungsfunktionen, die aufeinander wirken, sondern er keimt, wächst, wandelt sich, pflanzt sich fort usw., ändert sich also auch in bezug auf die Art dieses Zusammenhanges. Daher ist „Organismus" der gegenüber „System" bevorzugte Ausdruck. Berücksichtigt man noch, daß keine Landwirtschaft in dieser Beziehung einer anderen gleicht, so wird der Ausdruck „Individualität" verständlich. Auf dieser ersten, untersten Stufe des Verständnisses dieses Begriffes handelt es sich immer um Organismen mit sehr individuellen Eigenschaften.

Es ist klar, Organismen dieser Art fehlt die geschlossene Gestalt, die eine Pflanze, ein Tier oder ein Mensch besitzen. Ökosysteme entstehen auch nicht, wie Einzelorganismen, aus einer einzigen Zelle (gewöhnlich der befruchteten Eizelle). Das führt bekanntlich dazu, daß alle Zellen die gleiche genetische Ausrüstung haben. Demgegenüber bilden viele Arten mit einer riesigen genetischen Vielfalt und viele Individuen miteinander einen solchen „physiologischen Organismus höherer Ordnung"[2]. Die Worte werden also mehr bildhaft benutzt. Für eine wissenschaftliche Definition ist das vielleicht von Nachteil. Sie weisen aber auf das Folgende hin, das für den Landwirtschaftskurs von zentraler Bedeutung ist.

Der für die Gestaltung der Landwirtschaft durchgehende und zentrale ökologische Aspekt steht hier unter dem zusätzlichen, übergeordneten Gesichtspunkt, daß das materielle Lebensgeschehen auf der Erde konkret-geistige, also nicht-materielle Quellen

---

2 Diese Formulierung stammt von Thienemann 1956: Leben und Umwelt.

hat und daß dieses Geistige in jedem Augenblick das Leben bestimmt und bestimmen muß. Dadurch gibt es Leben und nur dann bleibt es dauerhaft produktiv und gesund. Die Darstellung enthält die auf der persönlichen Erfahrung des Autors der Vortragsreihe fußende Überzeugung, daß es möglich ist, zu diesem Geistigen erkennend, im modernen, streng erfahrungsmäßigen und kontrollierbaren Sinne gelangen zu können.

Weiter unten werden wir uns mit diesen geistigen Inhalten beschäftigen. Der Landwirtschaftskurs handelt aber kaum bzw. nur indirekt von dieser erkenntnismethodischen Seite, sondern setzt die Kenntnis dieser Grundlagen voraus. Vieles andere, das Rudolf Steiner in vier Jahrzehnten in Büchern und Vorträgen schon entwickelt hatte, ist in diese Vorträge eingeflossen, ohne daß er es wieder hätte ausführlich darstellen können, denn es hätte den gegebenen Rahmen sprengen müssen. Er setzte bei den Teilnehmern die Bemühung darum voraus.

Dadurch ist dieser schriftlich vorliegende Vortragskurs auch eine nicht leicht auszuschöpfende geistige Quelle des Studiums und ein zentraler geistiger Inhalt gemeinsamen Strebens. Die sehr großen praktischen Erfahrungen damit ermöglichen seit Jahrzehnten durchaus, Betriebe ohne dieses Studium sehr gut biologisch-dynamisch zu betreiben. Beispiele zeigen das in großer Zahl in vielen Teilen der Welt. Das ändert aber nichts daran, daß dieser Kurs die eigentliche Quelle ist, die sowohl für das tiefere Verständnis als auch für die Weiterentwicklung nicht umgangen werden kann. Viele Landwirte, Gärtner usw., die ein starkes Interesse an den Inhalten haben, sind jedoch aufgrund ihrer Lebenssituation nur sehr schwer in der Lage, diese Voraussetzungen zu erfüllen. Das gilt nicht nur für Praktiker. Andere ökologisch arbeitende Gruppen von Landwirten und Gärtnern verzichten eben darauf.

Es wird hier daher der Versuch gemacht, dem unbefangenen Leser dieses Verständnis im Sinne einer Einführung zu erleichtern. Hintergründe werden meist kurz dargestellt, und es wird auf ihre Quellen verwiesen. Wenn das gelingen soll, muß der Umfang für viel beschäftigte Menschen lesbar bleiben. Ein ausführlicher Kommentar wird also nicht angestrebt. Nur an solchen Stellen, die mir besonders wichtig oder auch besonders schwierig erscheinen, wird versucht, zu klären, was Rudolf Steiner gemeint hat. Dazu werden Bezüge zwischen den Vorträgen und manchmal auch zu Äußerungen Steiners in anderen Zusammenhängen aufgesucht.

In die Biologisch-Dynamische Wirtschaftsweise einführende Literatur liegt in großer Auswahl vor. Einen möglichen ersten, wichtigen Schritt in Richtung auf das mehr grundsätzliche Anliegen des Kurses sieht der Verfasser in seinem Aufsatz über den praktischen und wissenschaftlichen Entwicklungsweg des Ökologischen Landbaus.[3] Dort ist der Versuch gemacht, diesen Weg, beginnend mit dem 18. Jahrhundert, in seiner seelisch-geistigen Ursache zu schildern. Selbstverständlich gibt es einen nicht abreißenden Strom äußeren Geschehens. Da herrscht aber nicht einfach Kausalität. Vielmehr greifen Menschen mit neuen, veränderten Zielen, Absichten, Wünschen, und gewiß auch mit alten Begierden in diesen Strom ein. Der Wandel der Geschichte ist letzten Endes die Geschichte des sich wandelnden Menschen. Das gilt für alle Gebiete der Kultur, also auch für die Landwirtschaft. Auch die Naturwissenschaft steht in diesem Sinne in der Geschichte des sich wandelnden Bewußtseins und ist nicht einfach nur so da als ein „objektiv gewordenes Verhältnis zur Welt".

---

3 Schaumann, W., 1995: Der wissenschaftliche und praktische Entwicklungsweg des Ökologischen Landbaus und seine Zukunftsaspekte. Überarbeiteter Vortrag vom 21.5.95 in Kiel. Lebendige Erde Hefte 4, 5 und 6/1995 und 1/1996. Geplant als SÖL-Sonderausgabe Nr. 65, Herbst 1996, Bad Dürkheim.

Dies zu verstehen, ist ein wichtiges, eigentlich unverzichtbares Mittel, um unsere Zeit, uns selbst und die Aufgaben der Anthroposophie und damit auch den Landwirtschaftskurs zu begreifen.
Für jede jeweilige Gegenwart entsteht daraus auch die Frage, wo sie hinführt. Wir sind immer geneigt, die geistig-seelische Situation unserer eigenen Zeit als die eigentliche, richtige, wahrheitsgemäße aufzufassen. Wir sind aber selbst Kinder unserer Zeit. Es ist ganz natürlich, daß die meisten jungen Menschen mit ihrem Erwachsenwerden das Gefühl haben, daß wir es zuletzt so herrlich weit gebracht haben, meist auch im Verhältnis zu der Generation ihrer Eltern. Aber auch dann, wenn es umgekehrt ist, und tiefe Zweifel in bezug auf die Zukunft der Welt und damit auch des eigenen Lebens an der Seele nagen, ist noch nichts gewonnen. Es kommt darauf an, die Erscheinungen der Zeit als Symptome dieses Wandels, der Art dieses Wandels verstehen zu lernen und daraus auch die Aufgaben deutlicher zu erkennen, die es zu ergreifen gilt. Denn die Kultur wandelt sich nicht von alleine, sondern durch Menschen und deren Verhalten.

Dieses Verhalten wird von dem Bild bestimmt, das sich die Menschen von der Welt und von sich selbst machen. Es gibt immer konservative Menschen, die lieber allen Wandel lassen, um sich an das Bewährte zu halten. Das würde zu einer verfestigten, sich kaum noch wandelnden Kultur führen. Das gibt es auch in unserem Jahrhundert in großer Vielfalt und auch in extremer Form. Es gibt immer noch Sammler und Jäger und Nomaden. Viele von ihnen meiden die Kontakte mit den Europäern, weil sie wissen oder ahnen, daß sie schnell wichtige Fähigkeiten verlieren werden, wenn sie sich der modernen Kultur nähern. In Ägypten pflügen heute noch viele Bauern mit Pflügen, die man schon in Abbildungen findet, die älter als 4000 Jahre sind. Diese Bauern sind die freundlichsten Menschen, die man sich denken kann. Andererseits gibt es progressive Menschen, die alles Neue aufgreifen wollen, ohne zu ahnen, welchen Geistern sie jeweils dienen und was das für Folgen hat. Aber es gibt doch auch die Möglichkeit, sich ein Bild von der Richtung zu machen, in der sich die Menschen und die Welt bewegen müssen, wenn es weiter einigermaßen gedeihlich gehen soll. Ein solches Bild kann jederzeit wieder überprüft, ergänzt oder korrigiert werden und ganz frei von Fanatismen sein. Unsere Ziele müssen wir weit voraus auszumachen versuchen. Dafür benötigen wir auch die Kenntnis der Vergangenheit. Doch jeder Schritt muß die konkreten, ganz naheliegenden Tatsachen der Welt berücksichtigen. Wir nennen eine solche Bemühung Verantwortung. Nur in einem solchen Rahmen kann man verstehen, was mit Anthroposophie und dem Landwirtschaftskurs gemeint ist.

Wie es dazu kam
Auf Bitten und Drängen einiger Landwirte war es zu dem Kurs gekommen. Sie machten sich Sorgen über die Entwicklung der Landwirtschaft, die durch die rein materialistisch gewordene Naturwissenschaft, insbesondere die Chemie, und die letzten Endes allein bestimmenden kurzfristigen betriebswirtschaftlichen Ziele in eine neue, ganz einseitige Richtung gedrängt wurde.

Die alte Landwirtschaft hat sich an dem unmittelbar sinnlich zu Erfahrenden orientiert. Was man sehen, hören, riechen und schmecken, mit Händen tasten und heben und mit den Füßen spüren kann, wurde im Bewußtsein registriert und erinnert, oft sehr weit zurück. Es wurde mehr durch das Fühlen als das Denken zusammengefaßt als Erfahrung, häufig in der Form von normativen Regeln und Sprüchen. Zu allem hatte man eine innige Gefühlsbeziehung und die Gefühlsurteile waren wichtig und oft bestimmend. Vor allem die Erlebnisse, die in der praktischen Arbeit entstanden, spielten eine wichtige Rolle. Die Arbeit selbst war die wichtigste, nicht immer ganz wach erlebte Erfahrungsquelle. Was zu tun war, wußte man häufig spontan, ohne daß die Herkunft der Einfälle immer ganz deutlich oder der Inhalt logisch abzuleiten war. Die Tradition hielt die entstandenen Regeln fest. Das größte Vertrauen war auf die Summe der Erfahrung vieler Generationen, auf die Vergangenheit gerichtet. Bis zu den eigentlichen Ursprüngen der Landwirtschaft, der Kulturpflanzenentstehung und Haustierzüchtung reichte diese Erinnerung aber nicht zurück.

Im 18. Jahrhundert wurden die Traditionen zum ersten Mal grundsätzlich in Frage gestellt. Es kam zu bedeutenden Entwicklungen. Die Erfahrungsquellen waren aber weitgehend noch die gleichen. Was als tatsächliches Lebensgeschehen sich abspielt, das wurde immer noch mehr gefühlt als gedacht. In vertrauensvoller Frömmigkeit wurde es als gottgegeben hingenommen. Das Gebet war ein wesentlicher Bestandteil des praktischen und die Theologie einer des theoretischen und moralischen Lebens.

Im 19. Jahrhundert kam es dann insbesondere zur Anwendung der Chemie auf die Landwirtschaft und das Lebensgeschehen. Ungeahnte Möglichkeiten des Verständnisses eröffneten sich nicht nur durch neue, sondern ganz neuartige Erfahrungen, die im Labor entstanden. Nicht nur das einzelne Lebewesen mit seinen analytisch erfaßbaren Stoffgehalten, auch die Prozesse des Lebens und die zwischen den Lebewesen sowie die zwischen ihnen und ihrer Umgebung sich abspielenden Vorgänge konnte man schrittweise kennenlernen. Im Laufe der Jahrzehnte war damit aber eine Weltanschauung entstanden, deren Vertreter dies für das Ganze hielten und nichts anderes mehr gelten ließen: der Materialismus. Dagegen hatte sich Justus von Liebig (1803-1873) noch vehement gewehrt. Damit in Verbindung nahm die Anwendung chemischer Mittel zur Lösung landwirtschaftlicher Probleme ziemlich unbekümmert zu. Unter heutiger Sicht liest sich manches davon geradezu abenteuerlich.

Die Initiatoren und Teilnehmer des Kurses wußten natürlich, daß Rudolf Steiner kein Landwirt war. Das Vertrauen und die Hoffnung waren auf Steiners Lebenswerk gegründet, die Anthroposophie, und darauf, daß er seit 1919 für andere Berufsgruppen, besonders für die Lehrer der neubegründeten Waldorfschule und für Ärzte Kurse gehalten hatte, die zu sehr grundsätzlicher Neubesinnung und praktischen Vorschlägen geführt hatten. Darunter befinden sich Vortragsreihen für die Naturwissenschaftler unter den Lehrern, die auf die Art der Naturbetrachtung[4], andere auf die Geschichte der Naturwissenschaft als Bestandteil der abendländischen Bewußtseinsentwickelung gründlich, mit ganz neuen Aspekten[5] eingingen. Das war dadurch möglich, daß Rudolf Steiner über Erkenntnismöglichkeiten verfügte, die über die gewöhnliche Sinnes- und Verstandeserkenntnis weit hinausgingen. Er hatte das seit Jahrzehnten in Vorträgen und Büchern mit immer wieder neuen Weltaspekten gründlich und in vielen Einzelheiten dargestellt.

Im Rahmen der anthroposophischen Wirtschaftsunternehmung „Der Kommende Tag" befanden sich auch landwirtschaftliche Betriebe. Außerdem bewirtschaftete Ernst Stegemann (1882-1943), persönlich mit Rudolf Steiner sehr verbunden, das Klostergut Marienstein bei Göttingen. Für einige andere Landwirte galt ähnliches. Durch diese Lebenssituation war Rudolf Steiner auch mit landwirtschaftlichen Fragen konfrontiert. Diese gehörten allerdings auch zu der Umwelt seiner Kindheit und Jugend, denn er war in kleinbäuerlicher Gegend Niederösterreichs aufgewach-

---

4 Steiner, R.: GA 320, 321, 322, 323, 324, 325.
5 Steiner, R.: GA 325, 326.

sen und hatte als Student manche landwirtschaftliche Probleme sehr bewußt miterlebt.

1920 fragte ihn der BASF-Chemiker Dr. Streicher, ob er zur Mineraldüngerherstellung und -anwendung etwas Weiterführendes sagen könne. Steiner antwortete spontan, man solle Kali nur als Sulfat und in Verbindung mit Magnesiumsulfat geben. Wenn man mineralische Dünger gebe, solle man zusätzlich ein Pflanzengift, Digitalis, anwenden. Beides war für den Fachmann sehr überraschend. Daß der akute Magnesiummangel bei der Weidetetanie der Milchkühe, die in manchen Regionen fast wie eine Seuche verbreitet war, auf die fortgesetzte einseitige Kalidüngung zurückzuführen ist, wurde naturwissenschaftlich erst in den 60er Jahren, also Jahrzehnte später erkannt. Sucht man auf, wie Steiner das Entstehen von Giften in Pflanzen erklärt, nämlich durch ein tieferes Eingreifen von Kräften in die Lebensvorgänge als sonst, die er mit „astralisch" bezeichnet[6] (siehe weiter unten), dann kann man vermuten, daß in diesen Gesprächen mit Streicher ein Anfang für die Idee und die spätere Entwicklung der Präparate des 4. und 5. Vortrags liegt.

Im Kurs wird er gefragt, was passiere, wenn man bei der Düngung rein mineralisch vorgehe. Seine längere, warnende Antwort beschließt er mit dem Satz, daß man den Boden nicht mit etwas rein mineralischem durchdringen soll, ohne dies in etwas anderes einzubeziehen; - gemeint ist sicher, das Mineralische in etwas Lebendiges einzubeziehen.[7] Dahin zielte seine Antwort schon 1920. Aber Steiner hat die Anwendung des Fingerhutes (Digitalis) im Kurs nicht mehr erwähnt. Seine Studien führten ihn m. E. in dieser Frage zum Schafgarbenpräparat und vermutlich von dort auch zu den anderen Kompostpräparaten. Es geht

---

6 Steiner, R.: 3. Nov. 1923. D. Mensch als Zuskl.. GA 230.
7 Aussprache zum 6. Vortrag, 176/177.

überall um die Aktivierung der tatsächlichen Ursachen des Lebendigen. Sie liegen nicht in Stoffen, obwohl diese große Bedeutung besitzen, jedoch nur als *Bedingungen*, nicht aber als die eigentlichen Bewirker des Lebensgeschehens.

Dazu muß man wissen, daß Steiner sehr große Kenntnisse von Heilpflanzen hatte. Er hat damit oft die Ärzte und Apotheker überrascht, mit denen er zum Teil eine schon sehr lange, in dieser Zeit enge, intensive Zusammenarbeit hatte. Es wurden ihm regelmäßig Patienten der neu begründeten Klinik im Nachbarort Arlesheim vorgestellt, zu deren Diagnose er aus übersinnlicher Anschauung beitrug und für die er Therapievorschläge machte. Er war ferner ganz vertraut mit den Fragen der Arzneimittelzubereitung, besonders auch dem Potenzieren. Es war von Hahnemann Anfang des 19. Jahrhunderts eingeführt worden. Steiner erklärte diese Methode im Unterschied zu manchen anderen alten pharmazeutischen Praktiken ausdrücklich als zukunftsweisend.[8] Es ist die Zeit, in der die anthroposopische Medizin entstand und aus der später die pharmazeutischen Firmen Weleda und Wala hervorgingen.

Worum es Rudolf Steiner geht

Man bemerkt beim Lesen sehr schnell, daß es sich nicht einfach darum handelt, dies oder jenes in der Landwirtschaft zu verbessern, sondern um eine Besinnung auf die grundsätzlichen Fragen nach dem Leben auf der Erde, um ganz bedeutende Erweiterungen bisheriger Betrachtungsart und um die sich daraus ergebenden Konsequenzen für die Praxis. Er hat nach dem Kurs sein Anliegen selbst in dem Nachrichtenblatt für die Mitglieder der Anthroposophischen Gesellschaft formuliert:

---

[8] Steiner, R., 1920: Erster Kurs für Ärzte. Geisteswissenschaft und Medizin, 6. und 11. Vortrag. GA 312. Außerdem zahlreiche Einzelempfehlungen von bestimmten Potenzen bei bestimmten Krankheiten an vielen anderen Stellen.

»Das Ziel dieser Auseinandersetzungen war, zu solchen praktischen Gesichtspunkten für die Landwirtschaft zu kommen, die zu dem heute durch praktische Einsicht und wissenschaftliche Untersuchung Gewonnenen das hinzufügen, was von einer geistgemäßen Betrachtung der einschlägigen Fragen gegeben werden kann«.[9]

Es geht also um die Erweiterung der Betrachtung der Wirklichkeit nach der geistigen Seite und um die sich aus dieser ergebenden Folgen für die Praxis. Steiner hat oft gesagt, worum es ihm ging, und es ist aus seinem ganzen Werk deutlich abzulesen. Es handelt sich um konkrete übersinnliche Erfahrung. Wer sich mit Steiners Lebensweg und einigen seiner Darstellungen ein wenig befaßt hat, erlebt das mit großer Deutlichkeit, auch ohne Rücksicht auf die Frage, ob er die mitgeteilten Einzelheiten selbst beurteilen kann. Nachdem Steiner sich zwei Jahrzehnte lang intensiv mit der Frage des menschlichen Erkenntnisvermögens und der Möglichkeit der Freiheit beschäftigt und darüber geschrieben hatte, beginnt er als Vierzigjähriger sich in Vorträgen und Büchern über Inhalte zu äußern, welche die Sinnesanschauung und die Selbstbeobachtung des eigenen Bewußtseins überschreiten, trotzdem aber der Erfahrung, nicht der philosophischen Spekulation entstammen. Dann kommt sehr bald auch die Darstellung der individuellen geistig-seelischen Wege, auf denen man zu solchen übersinnlichen Inhalten gelangen kann.[10] Die durchgehende Ambition ist die mit immer wieder neuen Inhalten verbundene Mitteilung, durch Sinnesbeobachtung und den auf diese angewendeten Verstand erreiche man nur *eine* Seite der Wirklichkeit, die aber mehrere besitzt, welche der Erfahrung prinzipiell zugänglich sind. Wenn die Menschheit mit ihren unzähligen

---

9 Nachrichtenblatt vom 22. Juni 1924. Zit. n. Landwirtschaftskurs Ausgabe 1948.
10 Steiner, R., 1904: Theosophie. GA 9. - Wie erlangt man Erkenntnisse der höheren Welten. GA 10.

Problemen immer wieder ohne große Katastrophen fertig werden soll, dann nur, wenn sie von dem Kenntnis gewinnt, was in dieser Sinneswelt als Übersinnliches wirksam ist und wenn die Menschen sich ernsthaft bemühen, es in ihr Urteilen und Handeln einzubeziehen.

Der Materialismus hat die Menschen von alten geistigen Abhängigkeiten befreit. Mit ihm allein wird die Menschheit jedoch weder sozial, noch in bezug auf die Natur zurechtkommen, sondern in Katastrophen geraten. Was nun zum Verständnis der Landwirtschaft in diesem seinen Sinne zu sagen war, hat er in den vorliegenden acht Vorträgen zusammengefaßt.

Wie man sich diese Inhalte erarbeitet

Ein intensives, gründliches Studium des Textes ist für das Verständnis erforderlich. Diese Einführung rechnet mit dem Studium des Originals seitens des Lesers. Bei jedem Satz muß man sich fragen, ob man ihn wirklich verstanden hat. Dafür gilt nun ganz grundsätzlich, daß es sich nicht darum handelt, die Inhalte gläubig entgegenzunehmen, sondern sie zu *denken*.

»Keine Anforderung an den Autoritätsglauben wird gestellt. Das ist eine Art Grundstimmung, die wie ein roter Faden alles geistige Empfangen durchdringen sollte.«[11]

»Nicht glauben sollst du, was ich dir sage, sondern es denken, es zum Inhalte deiner eigenen Gedankenwelt machen, ...«[12]

Wie bei allen Darstellungen Rudolf Steiners ist eine fortgesetzte Verständnisbemühung neben der Aufnahme der Inhalte zugleich eine Schulung der Fähigkeiten des Denkens, wie sie für ein erweitertes Verständnis der Wirklichkeit aufgegriffen werden muß. Denn Rudolf Steiners Anliegen ist die Darstellung des *tätigen Lebens selbst* und dessen Nutzung für die Praxis. Weiter unten

---

11 Steiner, R., 1910: Die Mission einzelner Volksseelen. GA 121.
12 s. Anm. 1.

werden wir deutlicher sehen, wie das gemeint ist. Es ist nicht einfach unmittelbar mit den Sinnen zu finden. Im Erkennen der Sinneswelt tritt die Seelenbetätigung zurück und die Erkenntnis ist in erster Linie durch das Wahrnehmen zu erreichen. Zu den geisteswissenschaftlichen Tatsachen gelangt man jedoch nur durch eigene, sachgemäße Seelenbetätigung. Diese muß daher im Vordergrund stehen. In diesem Sinne ist die Schwierigkeit des Verständnisses einer Mitteilung zugleich eine Aufforderung an die Anstrengung der Verständnisbemühung, die ja bereits Seelentätigkeit ist.

»Man kann gar nicht stark genug betonen, wie notwendig es ist, daß derjenige die ernste Gedankenarbeit auf sich nehme, der seine höheren Erkenntnisfähigkeiten ausbilden will.«[13] »Der geisteswissenschaftliche Darsteller setzt also voraus, daß der Leser mit ihm gemeinsam die Tatsachen *sucht*.«[14]

Damit ist keine prinzipielle Abwendung von der Sinneswelt gemeint. Vielmehr gewinnt die Sinnesbeobachtung neues, aktives Interesse, wenn man ihr mit neuen, durch die geisteswissenschaftliche Betrachtung entstandenen Fragen entgegentritt. Darauf kommt es an.

So, wie sich die Dinge und besonders auch die Lebewesen unseren Sinnen darbieten, liegt ihr *Entstehen* im Verborgenen und meist in der Vergangenheit. Das gilt besonders auch für Wachstum und Lebensgeschehen. Die Sinne geben uns Nachricht von dem Gewordenen. Auch bei einer Pflanze sehen wir nur das, was schon gewachsen, schon entstanden ist, wenn es auch Formen, Farben usw. gibt, die dafür sprechen, daß das Wachstum hier noch nicht abgeschlossen, andere, daß es zu Ende ist. Das Lebensgeschehen selbst, das Wachstum usw. können wir gewöhnlich nicht sehen,

---

13 s. Anm. 1.
14 Steiner, R., 1910: Die Geheimwissenschaft im Umriß. GA 13.

wir müssen es aus zeitlich auseinanderliegenden Beobachtungen erschließen und können es, wenn wir es gut genug kennengelernt haben, mit dem Denken begleiten.

Die landwirtschaftliche Produktion geht nicht aus der menschlichen Tätigkeit selbst hervor, wie beim handwerklichen und beim künstlerischen Schaffen. Trotz der vielen Arbeit, die der Landwirt täglich aufbringen muß, wird in der Landwirtschaft von ihm selbst nichts erzeugt. Produzenten sind die Pflanzen, Tiere und Böden, wobei letztere ebenfalls wieder von Pflanzen und Tieren allmählich gebildet wurden und erhalten werden. Wichtigster Lebensquell ist die Sonne. Der Landwirt fügt sich mit seiner Arbeit in das Lebensgeschehen ein, mit dem er die *Bedingungen* für das Gedeihen von Kulturpflanzen und Haustieren möglichst günstig gestaltet. Er ordnet sie so, daß sie sich möglichst gegenseitig ergänzen und fördern. Das Gedeihen selbst kann er nicht hervorbringen. Unsere Frage ist also, ob und wie wir mit unserem Bewußtsein in dieses lebendige Naturgeschehen hineinkommen und ihm dadurch mit unseren Taten am besten gerecht werden können. *Wir müssen das Lebensgeschehen in unserem Denken nachschaffen und es vorausdenken.* Dazu gibt es viele Möglichkeiten, besonders auch den übenden, nachvollziehenden Umgang mit der treuen, empfindenden Naturbeobachtung.

Ganz Entsprechendes gilt für das Eindringen in die Gedankenentwicklung eines anderen Menschen anhand eines anspruchsvollen Textes. Man wird den Darstellungen Rudolf Steiners gerecht, wenn man mit der Wahrscheinlichkeit oder wenigstens doch der Möglichkeit rechnet, daß Rudolf Steiner solche Erkenntniswege in das Naturgeschehen weit vorausgegangen ist und davon berichtet. Dann ist das Nachvollziehen immer zugleich eine Übung in der Art des fremden Denkens, Erlebens und Vorgehens. Das ist bei jeder geistigen Bemühung der Fall und ein wesentlicher Bestandteil der Kultur. Hier überschreiten Art und Inhalt der Schilderung nur das für uns Gewohnte. Wo kein eigenes Urteil möglich ist, sollte man dies getrost der Zukunft überlassen, d. h. also sich eines positiven wie negativen Urteils enthalten. Das ist nicht anders als es immer, gegenüber jedem Neuen angemessen ist. Beides, das Sich-Freihalten von jedem Dogmatismus, gleich welcher Art, und die ernste Bemühung eines strengen Denkens in Richtung auf das, was mit den Schilderungen gemeint ist, sind grundlegende Voraussetzungen für den sachgemäßen geistigen Umgang mit den Darstellungen Rudolf Steiners. Man muß es erwähnen, weil es schwieriger ist als sonst. Die Bereitschaft, die ausgetretenen Pfade des Denkens, Forschens und Handelns zu verlassen, bedingt auch, die Mühen auf sich zu nehmen, die noch wenig gebahntes Gelände erfordert und auf das man durch seine bisherige Bildung nur mangelhaft vorbereitet ist. Das Mindestvertrauen, daß sich die Mühe wird lohnen können, muß allerdings vorhanden sein oder entstehen. Doch ist auch das bei jeder geistigen Arbeit mit neuen Inhalten nicht anders.

Die Zeitsituation von 1924

Der erste Weltkrieg hatte in Europa chaotische Verhältnisse zur Folge. In Deutschland herrschte Inflation. In der Landwirtschaft wurde der materielle Aspekt der Stoffe nach jahrzehntelanger, überwiegend wissenschaftlicher Vorbereitung mit Macht in die breite Praxis getragen. Die Düngung mit wasserlöslichen Salzen, einfachen, anorganischen Verbindungen, wurde von Wissenschaft, Beratung und Industrie als die eigentliche Lösung des Ernährungsproblems angesehen und mächtig propagiert. Die industriellen Hersteller der Mittel erwarteten das ganz große Geschäft des Jahrhunderts. Mit der industriellen Luftstickstoffbindung im Haber-Bosch-Verfahren stand seit Kriegsende dieser mineralische Pflanzennährstoff, mit dem das Wachstum in einzigartiger Weise angetrieben werden kann, unbegrenzt und relativ preiswert zur Verfügung.

Demgegenüber hatte Rudolf Steiner in den beiden grundlegenden Büchern „Theosophie" und „Geheimwissenschaft" ausführlich entwickelt, daß der Mensch ein stofflich-physisches, lebendiges (ätherisches) Wesen ist, mit einem Stoffwechsel, Heilungsfähigkeit, Fortpflanzung usw., die aus einer durch höhere Erkenntnis erfahrbaren übersinnlichen Wirklichkeit hervorgehen. Er ist aber auch beseelt (astralisch), besitzt Gefühle, Begehren und hat Gedankenfähigkeit, die wieder aus einer anderen, höheren Wirklichkeit hervorgebracht werden, eben der seelischen, die nicht einfach ein Produkt des Leibes ist. Schließlich ist er ein geistiges (Ichhaftes) Wesen mit Selbstbewußtsein, das seine Gedankenwege richten und führen, sein Fühlen und Begehren sich innerlich gegenüberstellen und beurteilen kann. Dagegen wurden üblicherseits damals wie heute die Erscheinungen des Lebens, der Seele (mit Denken, Fühlen und Wollen) und des Geistes (mit Erkenntnis, Freiheit und Verantwortung) meist als Produkte der Nerven aufgefaßt, durch Zufall entstanden und durch den Kampf ums Dasein übrig geblieben. Jede gründlichere Selbsterkenntnis kann allerdings zeigen, daß dies ein Irrtum ist. Alle Wissenschaften und damit z. B. auch die Gehirnforschung, sind nur möglich, weil der Mensch ein Wesen ist, das sich innerlich geistig, d. h. nach bewußten Gedankeninhalten, in bewußt erfahrenen und zu prüfenden gedanklichen Zusammenhängen selbst bestimmen kann. Die Tatsache, daß er sich auch von Trieben und Leidenschaften leiten lassen kann, ist kein Widerspruch zu der Möglichkeit der Bestimmung durch klare Gedanken. Der Mensch kann sich an dem orientieren, was er als das Rechte erkannt hat, auch dann, wenn es den eigenen Neigungen widerspricht. Das hatte schon Kant im „kategorischen Imperativ" zum Ausdruck gebracht.

Daß der Mensch dazu das Gehirn braucht, ist offenbar. Er braucht es jedoch ganz ähnlich, wie er die Hand braucht, um etwas in der Welt zu ergreifen. Und doch ist nicht die Hand die Ursache des Greifens, sondern er selbst, der für sein Tun verantwortliche, bewußte Mensch, der sich als „Ich" bezeichnet. Weil er ein Ich ist, hat er Gedanken, Gefühle und Wünsche und seinen Leib als Besitz, ist mit ihnen nicht identisch. Er benutzt die Hand als sein Werkzeug oder Organ. Erst dadurch ist er ein verantwortliches Wesen. Verantwortlichkeit setzt die Freiheit voraus, nach vernünftigen und geprüften Gründen zu handeln, auch dann, wenn es den eigenen Wünschen widerspricht. Wer könnte diese allgemein-menschlichen Tatsachen weniger entbehren als der Wissenschaftler? Besitzt man sie als sichere, wiederholbare Erfahrung, dann ist die prinzipielle Frage, ob es überhaupt möglich sei, daß der Geist die Materie bestimmen kann, für den Menschen positiv beantwortet. Dann muß man allerdings auch an die Naturwesen neue Fragen stellen, zu denen Steiner weitreichende Antworten bietet.

Diese innere Vierstufigkeit des physischen, lebendigen, beseelten und geistigen Menschenwesens geht also nicht einfach aus einer Komplizierung der stofflichen Organisation hervor, sondern jeder Stufe entspricht eine *eigene geistige Wirklichkeit*, die Rudolf Steiner aus seiner übersinnlichen Anschauung und Forschung beschreibt. Sie sind die *Ursachen* des gegenüber der Außenwelt so bedeutend veränderten Stoffgeschehens in den Organismen. Diese »Wesensglieder« sind hierarchisch geordnet. Letzten Endes bestimmt der Geist die Physis. Das Umgekehrte führt zu Krankheit und Tod.

Diese „Schichtenlehre" ist für die Kulturgeschichte nichts Neues, sondern zieht sich seit Aristoteles durch die Philosophie und Theologie, wenn auch nicht bei allen Philosophen und nicht immer in ganz gleicher Form. In unserem Jahrhundert wurde sie seitens der Philosophen vielleicht am deutlichsten von Nikolai Hartmann[15] vertreten. Studiert man Rudolf Steiner und vergleicht seine Darstellungen mit denen der Philosophen, dann wird sehr deutlich, daß es sich bei Steiner nicht einfach um eine Fortführung der Philosophie handelt. Es wird von ihm in immer wieder neuer Weise zusätzlicher übersinnlicher Erfahrungsinhalt hinzugefügt, es wird komplizierter, genauer und gewissermaßen geistig-konkret. Jedoch bleibt die Naturwissenschaft von solchen wie von philosophischen Einsichten weitgehend unberührt. Sie will davon nichts wissen. Ausnahmen bestätigen die Regel. Sie hält sich nur an die äußere, sinnliche Erfahrung, immer mehr an solche durch Instrumente. Diese führen das Bewußtsein in untersinnliche Bereiche, die nur noch durch technische Geräte erfahrbar sind. Immer mehr spielen Vorstellungen von nicht wahrnehmbaren, nur noch wissenschaftlichen Tatsachen eine dominierende Rolle. Zunehmend wird unser Alltag und die Philosophie von diesen Denk- und Forschungsweisen bestimmt. Der Reduktionismus, die Zurückführung komplexen Geschehens auf wenige Faktoren der untersten Ebene der Wirklichkeit, ist für den spezialisierten Forscher zunächst nahezu unvermeidlich. Sie wird zur Weltanschauung, weil die Bemühung, das Spezielle in das Ganze der vollen Wirklichkeit gedanklich einzuordnen, bei weitem zu schwach ist. Darin liegt das Hauptproblem der Verständigung.

Eine der menschlichen entsprechende Gliederung findet sich auch in der außermenschlichen Natur, dort nur aufgegliedert in
- das Mineralreich (stofflich-physisch),
- das Pflanzenreich (physisch und ätherisch) und
- das Tierreich (physisch, ätherisch und astralisch).

---

15 Schmidt, Heinrich, bearb. von Schischkoff, Georgi, 1991: Philosophisches Wörterbuch. 22. Auflage, Alfred Kröner Verlag, Stuttgart.

Natur und Mensch haben eine in die Anfänge zurückreichende gemeinsame Geschichte, und der Mensch hat als ein geistiges Wesen vom ältesten Anfang an als Geschöpf wesentlichen Anteil an der Evolution, in welche Erde und Kosmos eingeschlossen sind.

Der sichtbare und naturwissenschaftlich zu studierende Leib wird von den höheren Bereichen wesentlich mitgestaltet. Insofern handelt es sich um geistig-konkrete Gebilde, denen Steiner ebenfalls das Wort „Leib" gibt, wie es aus seiner übersinnlichen Beobachtung hervorgeht.

Zusammengefaßt kann man das Schema in Tabelle 1 zu Hilfe nehmen.

Den bedeutenden Unterschieden der Erscheinungsbilder, d. h. ihrer physischen Leiber, von Mineralien, Pflanzen, Tieren und Menschen liegt zugrunde, daß sie von anderen höheren Wesensgliedern bestimmt werden. Das jeweils höchste Glied hat

Tabelle 1:

			Ich selbstbewußt geistig
		Astralleib beseelt	Astralleib beseelt
	Ätherleib lebendig	Ätherleib lebendig	Ätherleib lebendig
Physischer Leib	Physischer Leib	Physischer Leib	Physischer Leib
Mineral	**Pflanze**	**Tier**	**Mensch**

gewissermaßen die Führung in der Gesamtgestalt und in den Funktionen.[16]

Auch in unserer Gegenwart haben sich Biologen immer wieder durch die Tatsachen genötigt gesehen, etwas ähnliches wie Steiners Wesensglieder zu fordern. Am Anfang des Jahrhunderts nannte es Driesch, an Aristoteles anknüpfend, „Entelechie". Blechschmidt sprach von „biodynamischen Stoffwechselfeldern"[17], Gottschewski[18] und jetzt Sheldrake[19] von „morphogenetischen Feldern". Man sieht deutlich, daß diejenigen, die sich auf Gestaltbildung und Gestaltwandel intensiv genug einlassen, von ihrem Denken und Fühlen zu solchen Annahmen gedrängt werden. Aber man sieht auch, daß der hypothetische Charakter dieser Annahmen nicht überwunden werden kann. Es ist nicht zu sehen, wie der aus der Physik stammende Feldbegriff die Beweglichkeit und sinngebende Kraft des Lebendigen erhalten sollte. „Morphogenetische" und „Stoffwechsel"-Felder sind außerdem verschiedene Aspekte, die eigentlich beide erforderlich wären.

Portmann arbeitete gründlich heraus, daß es viele Erscheinungen bei den Tieren gibt, die darwinistisch nicht erklärt werden kön-

---

16 Die wichtigste Einführung in dieses Thema ist das erste Kapitel von Steiners „Theosophie", 1904. Das Schema wird von Steiner häufig gebracht, viel öfter jedoch dessen Inhalte vorausgesetzt. Aber schon 1906 erweitert er das Schema in Vorträgen vor Mitgliedern nach der geistigen Seite. Das ist für das Verständnis des Landwirtschaftskurses zwar wichtig, doch hat es keinen Sinn, hier ein Schema hinzusetzen, ohne es gründlich genug zu besprechen. Es folgt in der Besprechung zum 8. Vortrag. Auf das Studium der Originalliteratur kann nicht verzichten, wer sich ein sachgemäßes Urteil bilden will. Dort sind Schemata Zusammenfassungen gründlicher Beschreibungen. Steiner, R., 26. Aug. 1906: Vor dem Tore der Theosophie. Notizen von 14 Vorträgen. GA 95. Auch GA 136. Eine konzentriert geschriebene Darstellung in den ersten Kapiteln von Steiner/Wegman, 1925: Grundlegendes zur Erweiterung der Heilkunst. GA 27.
17 Blechschmidt, E., 1968: Vom Ei zum Embryo. 1984: Wie beginnt das menschliche Leben. Christiana-Verlag, CH-Stein am Rhein
18 Gottschewski, G. M. H., 1967: Das teratogene Risiko bei der Anwendung von Medikamenten. Wiener Med. Wo. Schrift 117, S. 1-23.
19 Sheldrake, R., 1993: Das Gedächtnis der Natur. Piper Verlag, München.

nen. Wie sind sie dann zu erklären? Ebenfalls an Aristoteles anknüpfend sprach er von der „Selbstdarstellung" des Tieres. Was aber dieses „Selbst" dann ist, blieb ganz offen.[20] Für unsere „Einführung" handelt es sich hierbei um Nebenbemerkungen. Das wegen der notwendigen Kürze apodiktisch Erwähnte darf aber nicht dazu verleiten, zu übersehen, daß es sich bei den genannten Werken um bedeutende Leistungen unseres Jahrhunderts handelt, die immer noch aktuell und sehr lesenswert sind.

An eine mathematische Formulierung biogenetischer Felder ist kaum zu denken, und wenn, dann wäre sie wohl eine von außen angelegte Beschreibung. Der Unterschied zu Steiners Darstellungen ist evident. Bei ihm ist zu erleben, daß er aus der Beobachtung der Sache selbst, nicht hypothetisch spricht.

Voraussetzungen für die Teilnehmer

Mit diesen vorausgehenden Worten soll nur auf einen Inhalt verwiesen werden, der in vielen Darstellungen Steiners vorlag und dessen Kenntnis er vorausgesetzt hat. Wenigstens die Bücher „Theosophie" und „Die Geheimwissenschaft im Umriß" sollte gelesen haben, wer zur Teilnahme am Kurs zugelassen werden wollte. Auf deren gründliches Studium kann auch heute niemand verzichten, der sich den Landwirtschafts-Kurs[21] und damit die Biologisch-Dynamische Wirtschaftsweise wirklich erarbeiten will. Außerdem sollten damals die Teilnehmer Landwirte sein. Sie sollten über die Sachkenntnis und über Land verfügen, das die Anwendung der Empfehlungen möglich machte. Diese praktische

---

20 Portmann, A., 1973: Biologie und Geist. Suhrkamp-Verlag, Frankfurt/M.
21 Der meist verwendete Kurztitel ist „landwirtschaftlicher Kurs".
„Landwirtschaftlich" ist hier aus einem Hauptwort abgeleitetes Eigenschaftswort. Landwirtschaft ist aber Gegenstand und keineswegs Eigenschaft des Kurses. Wenn man es so genau nehmen will, dann handelt es sich um einen anthroposophischen Kurs über Landwirtschaft und ausdrücklich für Landwirte. Das kann man leicht auch in einem Kurztitel zum Ausdruck bringen. Mißverständnisse sind jedoch kaum zu befürchten.

Anwendung wünschte sich Steiner. Er war sich sicher, daß es gehen wird und wußte, daß die wissenschaftliche Erarbeitung vieler damit verbundener Einzelheiten ein langer, mühsamer Weg ist.

Er sagte aber auch mit aller Deutlichkeit, daß dieser Weg später, zusätzlich zu dem praktischen, auch gegangen werden müsse.[22] Weiter unten erfolgt eine differenziertere Darstellung bezüglich der Wesensglieder des Menschen und der Landwirtschaft.

Worte, Gefühle und begriffliche Inhalte

Zur Verständigung brauchen wir die Sprache. Für neue Begriffe sind neue Worte erforderlich. Die Verständigung kann nur eintreten, wenn sich der Leser oder Hörer bemüht, in den Worten die Gedanken in ihrem Zusammenhang zu bemerken, d. h. das, was der andere mitteilen will. Es hat meist keinen Sinn, nach anderen Inhalten der Worte zu suchen, z. B. etymologisch (sprachgeschichtlich), um damit die Inhalte verstehen zu wollen, die Steiner meint. Das kann für sich interessant sein, aber in der Anwendung sehr leicht zu Irrtümern führen. Menschen haben ferner nicht selten Sympathien und insbesondere auch Antipathien gegenüber Worten. Das ist zwar zu verstehen, aber doch nur hinderlich, und wenn nicht überwunden, irreführend. Welche Begriffe Steiner mit den Worten verbindet, muß aus dem Zusammenhang ermittelt werden, in welchem die Worte eingeführt und verwendet werden. Das ist immer so, nur kommen hier Worte vor, die man vielleicht noch nie gehört hat. Der Landwirtschaftskurs ist ein Spätwerk Steiners. Er setzt das Frühere, d. h. die verwen-

---

22 Hier zunächst Anfang 6. Vortrag. Dann im mündlichen Bericht in Dornach (13). Zweifellos war Rudolf Steiner sehr daran interessiert, geisteswissenschaftliche Erkenntnisse naturwissenschaftlich zu prüfen. In diesem Sinne hat er viele Experimente angeregt. Die ganze Arbeit von Lilly Kolisko (1889-1976) ging daraus hervor. „Wir brauchen tatsächlich nicht bloß eine Umwandlung unserer Weltanschauung in Begriffen, wir brauchen heute durchaus selber von unseren Gesichtspunkten aus Forschungsinstitute". 6. März 1920, 2. nat. wiss. Kurs, GA 321.

deten Worte und Begriffe als bekannt voraus. Steiner hat bewußt vermieden, seine Begriffe zu definieren. Sie würden dadurch zwar klar, aber auch tot. Er hat sie charakterisiert, doch offenbart ein Begriff in anderem Zusammenhang u. U. unerwartete, neue Charakterzüge, die mit einer Definition nicht abgedeckt werden konnten. Es kommt immer darauf an, zunächst eine Schilderung als solche ernst und sehr genau zu nehmen. Dann erst hat es Sinn, gesuchte Begriffe in *anderem* Zusammenhang aufzusuchen. Den muß man zunächst wieder für sich sehr gründlich studieren. Diese Strenge und Beweglichkeit unseres denkenden Verhaltens ist gefordert. Hier sollen auch Hinweise gegeben werden, wo ergänzende Schilderungen im Lebenswerk Rudolf Steiners gefunden werden können.

Anthroposophie und Philosophie

Für den neu herantretenden Leser ist es von großer Bedeutung, zu wissen, daß es sich bei Steiners Schilderungen nicht um ein philosophisches Gedankengebäude handelt, wie sie von der Menschheit in mehr als 2500 Jahren vielfältig ausgebildet wurden. Anläßlich der Schichtenlehre wurde oben schon darauf hingewiesen. Die Philosophien beruhen im wesentlichen auf der gedanklichen Durchdringung der Sinnenwelt unter Einschluß des menschlichen Bewußtseins, wie es in der jeweiligen Zeit und bei dem betreffenden Philosophen beschaffen war. Bei Rudolf Steiner wird neue Erfahrung aufgesucht, die übersinnlicher Art ist und beschrieben wird. Auch dies wird in den genannten und anderen grundlegenden Werken Rudolf Steiners geschildert, einschließlich der Methoden, wie zu dieser Erfahrung zu gelangen ist. Dabei wird dann auch der wesentliche Unterschied zu den Philosophien deutlich.

Für denjenigen, der nach sicherer Begründung einer solchen Erkenntnisbemühung strebt, muß erwähnt werden, daß sich

Rudolf Steiner 20 Jahre lang mit den Grundfragen der Erkenntnis befaßt hat. Seine diesbezüglichen Bücher[23],[24],[25],[26] gehören für einen Menschen, der nach wissenschaftlicher Klarheit seines eigenen Bewußtseins strebt, zum fruchtbarsten, was studiert werden kann. Bei diesen handelt es sich um philosophische Schriften. Sie sind zugleich die wissenschaftstheoretische Begründung der Anthroposophie. Wer sich mit diesen Grundfragen wirklich befaßt, für den entsteht die sichere, jederzeit wiederholbare Erfahrung, daß er selbst ein geistiges Wesen ist, welches die innere Möglichkeit besitzt, sich geistig selbst bestimmen zu können. Da dies besonders von naturwissenschaftlicher Seite häufig bezweifelt oder sogar mit Entschiedenheit bestritten wird, sei nochmals deutlich gesagt, daß gerade dieses sich innerlich geistig Bestimmenkönnen, neben vielem anderen auch die Voraussetzung *jeder* Wissenschaft ist.

Die geistige Struktur des Kurses im Überblick

Die acht Vorträge stehen in engem Zusammenhang und stellen einen Gedankenweg dar. Dennoch ist jeder Vortrag ganz deutlich ein neues Kapitel, ein neuer Aspekt derselben Sache. Steiner hat aber diesen Kapiteln nicht selbst die kennzeichnenden Überschriften gegeben. Die Überschriften im Buch sind durch den Herausgeber aus dem jeweiligen Vortrag genommene Formulierungen Steiners. Um einen Überblick über den ganzen Weg zu ermöglichen, wird hier versucht, wie in Überschriften und im Telegrammstil verdichtet, den Inhalt in eigenen Worten zu charakterisieren:

---

23 Steiner, R., 1883-1890: Einleitungen zu Goethes naturwissenschaftl. Schriften. GA1.
24 Steiner, R., 1886: Grundlinien einer Erkenntnistheorie der Goethe´schen Weltanschauung. GA 2
25 Steiner, R., 1891: Wahrheit und Wissenschaft - Vorspiel einer Philosophie der Freiheit. GA 3.
26 Steiner, R., 1894: Die Philosophie der Freiheit. GA 4.

1. *Erde und Kosmos.* Die Erde empfängt ihre Lebenskräfte von der Sonne und dem diese Kräfte differenzierenden planetarischen Kosmos. Man kann diese Kräfte in einer polaren Gliederung zusammenfassen: obersonnige und untersonnige. Die kieseligen und die kalkartigen Mineralien der Erde sind die Träger und Vermittler dieser Wirkungen auf der Erde. Auch die Atmosphäre ist in feiner Weise mit diesen Mineralien erfüllt.

2. *Die landwirtschaftliche Individualität.* An jedem einzelnen Standort entsteht eine vertikale Gliederung dieses Kräftewirkens. In Zeiten des Pflanzen*wachstums* wirken die obersonnigen Kräfte, von den kieseligen Bestandteilen des Bodens ausgehend, in erster Linie von unten, die untersonnigen über die feuchte Atmosphäre von oben. Im Lebewesen kommt es zu einem Zusammenwirken, das Obere wirkt nach unten und das Untere nach oben. Eine angemessene und angepaßte Tierhaltung gehört dazu und das Ganze bildet eine höhere physiologische Einheit.

3. *Die chemischen Elemente des Eiweißes* und ihr Verhältnis zu den unterschiedlichen, das Lebewesen bestimmenden Kräften. Wie wirken durch die Stoffe der Erde die Kräfte der Erde und des Kosmos? Der Schwefel ist Vermittler aller geistiger Wirkungen im Sinnlich-Physischen, der Kohlenstoff Gestalter, der Sauerstoff Beleber, der Stickstoff Schlepper des Sauerstoffes und Träger der Empfindung und der Wasserstoff schließlich Auflöser gebildeter Strukturen.

4. *Im lebendigen Eigenraum,* abgeschlossen, von einer Haut umgeben, kommt es zu einer Steigerung des Wirkens der lebenschaffenden ätherischen und insbesondere auch der astralischen Kräfte. Das ist z. B. bei einem Kompost unter einer geeigneten Abdeckung der Fall und besonders deutlich in den Tieren. Der stärkste Abschluß dieser Art, den es gibt, ist das Horn der Kuh. Präparate

Hornmist und Hornkiesel: das eine schiebt von unten und das andere zieht von oben. Düngen muß im Beleben (Ätherisieren) und Astralisieren des Bodens bestehen, besonders auch des Festen der Erde.

5. *Die Kompostpräparate.* Für die Aufnahme der Mineralstoffe der Erde in das Leben der Pflanze ist die pflanzliche Aktivität erforderlich. Diese kann gesteigert werden. Dafür geeignete Heilpflanzen bzw. deren Blüten werden mit denjenigen Tierorganen umgeben, zu denen die Pflanzen eine besondere Beziehung zeigen, wenn man sie therapeutisch verwendet. Tierorganhülle und Pflanzeninhalt werden bestimmten Wirkungen des Jahreslaufes ausgesetzt. Die dadurch entstandenen Präparate werden dem Dünger zugesetzt. Mit der Anwendung des Düngers werden die Gesundheitskräfte der Pflanzen und ihrer belebten Umgebung intensiviert.

6. *Die Verhinderungspräparate.* Die Vermehrung von Unkräutern und Schädlingen kann mit Hilfe entsprechender Zubereitungen aus diesen Organismen gehemmt werden.

7. *Die freien, natürlichen ätherisch-astralischen Kräfte und die Organismen der Landschaft* sind wichtige Elemente für eine gesunde landwirtschaftliche Produktion. Die Landwirte können durch die Landschaftsgestaltung für deren Vorkommen, für ihre Vielfalt und für ihr Zusammenspiel eine wichtige Voraussetzung schaffen. Sie wird erfahrungsgemäß von den frei lebenden Wesen angenommen, so daß sie die hilfreichen Funktionen erfüllen.

8. *Die Haltung und Fütterung der landwirtschaftlichen Haustiere* mit dem im eigenen Betrieb gewachsenen Futter ermöglichen die Anpassung der Haustiere an den Standort. Im Durchgang der Nahrungsstoffe durch den Stoffwechsel der von ihrem Astralleib

bestimmten warmblütigen Haustiere kann über deren Ausscheidungen das Weltengeistige[27] im Pflanzenbau verstärkt wirksam werden.

---

[27] Das Höchste auf Erden uns zugängliche Geistige, das in den Pflanzen wirkende Weltengeistige. 3,70.

1. Vortrag
Das Leben der Erde und des Kosmos

Einführende Gesichtspunkte zu den einzelnen Vorträgen

Wie oben ausgeführt, hat Rudolf Steiner erhebliche Voraussetzungen seitens der Vorbildung der Teilnehmer gemacht. Wenn im Landwirtschaftskurs Beschreibungen vorkommen, die entsprechende Kenntnisse voraussetzen, wird hier darauf aufmerksam gemacht, das Vorausgesetzte beschrieben und auf Stellen im Werk Steiners verwiesen, in denen die Sache behandelt wird. Dabei müssen wir uns auf das Wichtigste beschränken.

In diesem 1. Vortrag wird ein großer Überblick über das Leben auf der Erde im Zusammenhang mit dem planetarischen Kosmos gegeben. Darin einbezogen ist das Mineralreich (kalkartige und kieselartige Mineralien), ferner die elementaren Verhältnisse, die durch die Witterung erzeugt werden (Wasser und Wärme). Als Ergebnisse unterschiedlichen Zusammenwirkens polarer Lebenskräfte werden die Formen der Pflanzen differenziert sowie ihre Fähigkeiten zur Reproduktion, zu Nährhaftigkeit, d. h. Menschen ernähren zu können und zu Dauerhaftigkeit.

Der Zusammenhang des Lebens mit dem planetarischen Kosmos setzt eigentlich voraus, daß der Leser zunächst einmal die einfachsten Grundkenntnisse der Astronomie im Sinne der Allgemeinbildung besitzt. Rudolf Steiner hat dazu immer wieder Ausführungen gemacht, die auch die Entstehungsgeschichte des

Planetensystems betreffen.[28] Demgemäß sind mit dem Planeten nicht nur die Leuchtpunkte gemeint, die wir am Himmel sehen, deren Bahnen wir durch immer wiederholte Beobachtung verfolgen, die wir mit den Fernrohren als leuchtende Scheiben oder Kugeln erkennen und neuerdings mit Raumflugkörpern und Fernsehen von der Nähe betrachten können. Gemeint sind *sphärische ätherisch-astralische Gebilde,* mit der Sonne als Mittelpunkt und Quelle, deren äußere Begrenzung durch die Bahnen der sichtbaren Körper gekennzeichnet werden.[29] Man kann den Landwirtschaftskurs auch ohne die genauere Kenntnis dieser Dinge studieren, nur sollte man wissen, daß viel mehr in den Worten lebt als wir in unserem Alltagsbewußtsein oder im Bewußtsein des landwirtschaftlichen Fachmannes üblichen Bildungsstandes voraussetzen.

Auch noch nach Kopernikus gibt es berechtigte Gesichtspunkte, die Bahnen der Planeten *geozentrisch* zu beschreiben. Das gilt z. B. dann, wenn die Verhältnisse des *Lebens* auf der Erde studiert werden. Im räumlichen Sinne werden z. B. die Abstände der Planeten von der Erde geozentrisch unmittelbar dargestellt, ebenso die Dynamik der Annäherung und des sich Entfernens und deren ständige Veränderung. Das ist geozentrisch nicht nur berechenbar, sondern auch erlebbar, kopernikanisch nur noch berechenbar. Wenn man dagegen die Verhältnisse der Massenbewegung und Fliehkraft und der einzelnen elliptischen Bahnen darstellt, ist das natürlich anders. Es gibt außerdem ausführliche Darstellungen Steiners, welche zu noch anderen Vorstellungen

---

28 s. Anm. 4.
29 Steiner, R.: Die astronomisch gründlichste Darstellung findet sich im sog. Dritten naturwissenschaftlichen Kurs, 1921: Das Verhältnis der verschiedenen naturwissenschaftlichen Gebiete zur Astronomie. GA 323. - Ferner 1909: Geistige Hierarchien und ihre Widerspiegelung in der Physischen Welt. GA 110.- Entstehungsgeschichte in 1910: Geheimwissenschaft im Umriß. GA 13.-Erwähnung an vielen anderen Stellen.

führen, durch welche die beiden gewohnten Raumvorstellungen überschritten werden.[30] Wie auch sonst nicht selten, kommt es hier nicht darauf an, ein einzelnes System als das Richtige zu erklären, und die anderen als falsch, sondern zu erkennen, daß neue Aspekte das bisher schon Bekannte in neuem Licht sehen lassen, in diesem aber das Bisherige oft nicht einfach vollständig aufgehoben wird. Die alte Einsicht wird nur relativiert. Es ändert sich ihr Verhältnis zum Ganzen, das sich neuen Aspekten mit neuen Seiten erschließt.

Einleitend führt Rudolf Steiner aus, daß »es kaum ein Gebiet des Lebens gibt, das nicht zu der Landwirtschaft gehört. Von irgendeiner Seite, aus irgendeiner Ecke gehören alle Interessen des menschlichen Lebens in die Landwirtschaft hinein.« Das macht die Landwirtschaft so interessant und kompliziert. Der landwirtschaftliche Praktiker muß daher immer in erster Linie ein Synthetiker sein, also einer, der nicht aus den letzten analytischen Kenntnissen eines eng begrenzten Fachgebietes, sondern aus der Zusammenschau vieler Gesichtspunkte die Welt und seine augenblickliche Situation betrachtet und daraus seine Entschlüsse gewinnt. Er wirkt immer in der komplexen, vollen Wirklichkeit.

»Es handelt sich hier, wenn vom anthroposophischen Gesichtspunkt aus gesprochen wird, wirklich darum, nicht zurückzugehen zu den alten Instinkten, sondern aus einer tieferen geistigen Einsicht heraus das zu finden, was die unsicher gewordenen Instinkte immer weniger geben können. Dazu ist notwendig, daß wir uns einlassen auf eine starke Erweiterung der Betrachtung des Lebens der Pflanzen, der Tiere, aber auch des Lebens der Erde selbst, auf eine starke Erweiterung nach der kosmischen Seite hin.«

---

30 s. Anm. 29.

Es geht also um ein ganz bewußtes Erarbeiten der neuen Inhalte, welches die Kenntnisse der Naturwissenschaft voll einbezieht, soweit es sich um wirkliche Kenntnisse und nicht um Hypothesen handelt. Die Erkenntnisbemühung sucht aber über diese hinauszukommen, um auch dem gerecht zu werden, was als übersinnliche geistige Realität hinter den chemisch-physikalischen Bestandteilen steht und von einer ganz besonderen Wichtigkeit für Pflanzen und Tiere ist.

Von der Emanzipation bei Tier und Mensch

Dann spricht Steiner von der *Emanzipation der Tiere von der äußeren Welt,* die um so größer ist, je näher die Tierart dem Menschen steht. Es handelt sich um eine zunehmende Verselbständigung der Organismen gegenüber den unmittelbaren Wirkungen ihrer Umwelt. Kosmische Rhythmen könnten zwar in Lebensprozessen noch bemerkbar sein, jedoch losgekoppelt von den unmittelbaren kosmischen Erscheinungen. Anfang und Ende stimmen bei Mensch und höheren Tieren nicht mehr mit dem Kosmos überein, der Rhythmus kann aber noch vorhanden sein. Der betreffende Lebensprozeß und mit ihm sein Träger sind selbständig geworden. Bei den Pflanzen ist es jedoch nicht so.

»Und daher wird es ein Verständnis des Pflanzenlebens gar nicht geben können, ohne daß bei diesem Verständnis berücksichtigt wird, wie alles das, was auf der Erde ist, eigentlich nur ein Abglanz dessen ist, was im Kosmos vor sich geht.«

Mensch und höhere Tiere haben durch neue Organe *eigene, selbständige Fähigkeiten entwickelt*, und werden dadurch nicht mehr von den entsprechenden Umweltwirkungen und gegenwärtigen kosmischen Rhythmen bestimmt. In der Reihe der Wirbeltiere handelt es sich, in knappster Form, um folgende organisch-innere Neubildungen, die zu entsprechenden Lösungen von Umweltbindung geführt haben:

Amphibien: Gegenüber den Kiemen der Fische bilden die Amphibien Lungen aus, mit denen sie durch die ins Innere verlegte Atmung an der trockenen Luft feuchte und funktionsfähige Atmungsschleimhäute erhalten. Durch tragfähige Gliedmaßen mit festem Skelett gewinnen sie Bewegungsfähigkeit außerhalb des auftriebgebenden Wassers. Damit befreien sie sich von der Bindung an das Wasser. Die meist sich selbst überlassenen Eier und Larvenstadien der Amphibien müssen aber das Leben der Fische immer wieder durchmachen. Sehr große Zahl abgelegter Eier mit erheblichen Verlusten während der Entwicklung.

Reptilien: Zusätzliche Bewahrung der inneren Feuchte durch verhornende Haut und damit Vordringen von Schlangen und Echsen bis in die extreme Trockenheit am Rand der Wüste. Die Niere ist in der Lage, hochkonzentrierten Harn zu bilden und mit einem Minimum von Wasserverlust auszuscheiden. Hornschalige Eier werden an Land gelegt. Das hindert entsprechende Reptilienarten nicht, sekundär, d. h. nach Erreichen der Fähigkeiten des Landlebens, sich wieder dem Wasser anzupassen. Seeschildkröten z. B., die im offenen Ozean leben und nur zur Fortpflanzung an Land gehen.

Vögel: Selbständige Erzeugung und strenge Regulation hoher Eigenwärme durch vollständige Trennung des Lungenkreislaufs vom Körperkreislauf des Blutes. Hohe Ausnutzung des Sauerstoffs der Luft durch besondere Lungenform. Isolierendes Luftpolster durch Federkleid und damit Bewahrung gleichbleibender, hoher Körpertemperatur bis in die Bedingungen der Eisregionen. Ausbrüten der Eier mit der selbst erzeugten Körperwärme. Hohe seelische Aktivität und körperliche Beweglichkeit. Auch auf dieser Stufe entstehen sekundäre Wassertiere wie die Pinguine.

Säugetiere: Embryonalentwicklung im mütterlichen Organismus mit ihren komplizierten Organen bei Embryo und Mutter. Ungehinderte Fortbewegung und Fluchtmöglichkeit während der Trächtigkeit. Relative Unabhängigkeit der Neugeborenen von der Wertigkeit und Verdaulichkeit der örtlich vorhandenen Nahrung durch die hochwertige Milch der Mutter. Wanderungen und Fluchtmöglichkeit schon mit den zum Zeitpunkt der Geburt weit entwickelten Jungen bei den Nestflüchtern. Reduktion der Anzahl der Nachkommen, teilweise bis auf eines pro Jahr. Auch hier sekundäre Wassertiere wie die Wale.

Der Mensch bringt diesen leiblichen Befreiungsweg der Wirbeltierreihe durch die Aufrichtung zu einem durch ihn erkennbar gewordenen Ende. Rückblickend erscheint er wie ein Ziel der Entwicklung. Er stellt sich aufrecht der Welt gegenüber. Das Haupt wird von den Greiffunktionen befreit und in Ruhehaltung bei allen Bewegungen mitgenommen. Die Kieferorganisation erhält die Bedingungen komplizierter und vielfältiger Lautäußerungen, d. h. die organischen Voraussetzungen der Sprache. Die vorderen Gliedmaßen werden zu den oberen und übernehmen die Tätigkeiten des Greifens und erhalten die Möglichkeit des Gestaltens der Umwelt. Das ist Bewußtseins-Haltung im Vergleich zur horizontalen Bewegungs- oder Instinkt- und Trieb-Haltung. Im Menschen wird die Freiheit durch Welterkenntnis, Selbsterkenntnis und die Bestimmung des Willens aus Einsicht realisiert. Jeder einzelne muß jedoch, im Gegensatz zu den Tieren, selbst Stehen, Gehen, Sprechen und Denken lernen. Die leibliche Entwicklung bietet nur die Anlage dazu. Jeder muß selbst bewirken, wie weit er mit seiner individuellen Entwicklung kommt. Der Mensch ist das Wesen mit der stark verzögerten leiblichen Jugendentwicklung, die mit dem individuellen Lernen verbunden ist. Die kollektive leiblich-seelische Entwicklung ist eine geistig-seelische geworden und individualisiert, d. h. sie findet nur statt, wenn sie von einem individuellen Menschen, letzten Endes einem Ich hervorgebracht wird.[31]

Mit seinen Bemerkungen über die Emanzipation deutet Steiner auf Tatsachen, die er ab dem 4. Vortrag bezüglich ihrer Erkenntnis weiterführt und zur Herstellung der Präparate einsetzt. Zunächst geht es jedoch um die Bindung der nicht emanzipierten Pflanzen an die Bedingungen ihrer Umwelt.

Anders als Tier und Mensch werden die Pflanzen unmittelbar nur von einem Ätherleib bestimmt. Steiner nennt diesen auch „Lebensleib" und „Bildekräfteleib". Die geologische Entwicklung des Pflanzenreichs verlief in Richtung zunehmender *Einbindung* in die Umwelt. Erst die höheren Pflanzen bilden mit Sproß und Wurzel eine strenge Orientierung an der Schwerkraft der Erde aus, verwurzeln sich tief im Mineralreich, heben aber den Sproß der Schwere entgegen, die Blüte (den Sporophyth) aus der Feuchte der Erde in die gestaltwandelnden Wirkungen der Sonne. Lebensgeschehen und Gestaltbildung erfolgen unmittelbar von Licht und Wärme der Sonne und von Bodenzuständen dirigiert. Trotz der Erhaltung der Art ist jedes Pflanzenindividuum in jedem Augenblick auch ein lebendiger Ausdruck seiner Umweltverhältnisse.

Die polarisierende Methode

Die Lebenskräfte sind nach dem Landwirtschaftskurs und vielen anderen Darstellungen Steiners eigentlich siebenfältig zu unterscheiden. Es gibt nicht nur eine Kraft des Lebens.[32] Im Landwirtschaftskurs werden sie aber weitgehend nur als eine große Polarität zwischen obersonnigen und untersonnigen Kräften zu-

---

31 Kipp, F.A., 1991: Die Evolution des Menschen im Hinblick auf seine lange Jugendzeit. 2., überarb. Auflage, Verlag Freies Geistesleben, Stuttgart.
32 Steiner, R., 12. August 1916: Das Rätsel des Menschen. GA 170.

sammengefaßt, beide jeweils zusammen mit der Sonne. Dann kommt die Gegenüberstellung zwischen „über der Erde" und „in der Erde" hinzu, die wieder miteinander ein Gegensatzpaar darstellen. Die Erscheinungen sind nur die eine Seite der Wirklichkeit, die andere ist ihr Zusammenhang. Dieser wird nur in Gedanken erfaßt. Zusammenhänge können in unterschiedlicher Weise gesucht werden. Auch in dieser Beziehung bewußt vorzugehen ist ein Grundanliegen Steiners.[33]

Sinneserscheinungen, Gedanken, Tatsachen und Verstehen

Was wir in der Welt wahrnehmen und erkennen, hängt nicht nur mit dem tatsächlich Vorhandenen zusammen, soweit es durch geeignete Sinnesorgane im Bewußtsein auftritt, sondern wird auch von der qualitativen Richtung unserer Aufmerksamkeit, von unserer Erwartung bestimmt. Was wir wahrzunehmen begehren, filtern wir oft unbewußt aus der vorhandenen Fülle heraus. Wir verstärken die erwartungsgemäßen Eindrücke und verdrängen andere. Das hängt von den Gedanken ab, die in uns wirksam sind. Wir bringen den Sinneserscheinungen nicht nur unsere Aufmerksamkeit und Wünsche, sondern auch unsere Gedanken über die Welt entgegen. Sofern Sinneserscheinungen und Gedanken ineinander eingehen, sich decken, wissen wir, *was* da erscheint. Die Gedanken (Begriffe, Ideen) sprechen dann das Wesen der Sinneserscheinungen aus. Wir erleben die Ideen in der Sinneswelt, machen uns das jedoch gewöhnlich nicht bewußt. Wir fühlen uns unter dieser Voraussetzung in der Wirklichkeit. Was wir Tatsachen nennen, enthält also immer schon unsere Gedanken.[34] Zusammenhänge, für die wir keine Gedanken bereit halten, wer-

---

[33] Steiner, R., 1914: Der menschliche und der kosmische Gedanke. GA 151. Wer sich Anthroposophie gründlich erarbeiten will, dem sind diese vier Vorträge über Denkrichtungen und Denkarten besonders zu empfehlen.
[34] Hübner, Kurt, 1978: Kritik der wissenschaftlichen Vernunft. Verlag Karl Alber, Freiburg/München.

den meist übersehen oder aus der weiteren Erkenntnisbemühung ausgeschlossen und dann sehr leicht vergessen. Das gilt ganz uneingeschränkt auch für die Wissenschaft.

Gedanken sind, abgesehen von der Frage ihrer Übereinstimmung mit den zugehörigen Sinneserscheinungen, immer auch Bestandteile der *Gedankensysteme* und letzten Endes des Gesamtweltbildes unseres Bewußtseins. Im Unterschied zu den Wahrnehmungen weisen die Gedanken durch ihr eigenes Wesen über sich hinaus, stehen mit allen anderen Gedanken in Zusammenhang. Ordnet sich ein Gedanke in einen gedanklichen Zusammenhang ein, ist er mit allen anderen in Übereinstimmung, dann haben wir das befriedigende Gefühl, daß wir ihn *verstehen*. Bezieht sich dieser Gedanke auf eine Summe von Sinneserscheinungen, dann verstehen wir auch diese Sinnestatsache, nur durch die Gedanken, welche die Erscheinungen zu einer Tatsache, einem Gegenstand oder ähnlichem machen. Wir „begreifen" die Sinneswelt, weil und soweit ihre Gedanken unserem *Denken* in einem vernünftigen Zusammenhang erscheinen. Wenn das nicht gelingt, dann bleibt die Tatsache isoliert neben anderen Tatsachen. Wir verstehen sie nicht. Sie ist für uns eine Frage.

Wenn uns die offene Frage wichtig genug ist, läßt sie uns nicht in Ruhe. Wir setzen unsere Erkenntnisbemühung in Gang, d. h., wir suchen die Gedanken, welche den Zusammenhang für unser Bewußtsein herstellen. Das ist der Anfang jeder Wissenschaft.

Ohne Begriffe und Ideen gibt es keine Wirklichkeit und *ohne Gedankensysteme kein Verstehen und kein Erklären*[35] *der Welt.* Sobald wir über etwas nachdenken, sind wir schon davon überzeugt, daß die Welt vernünftig aufgebaut ist und unser Denken Zutritt zu dieser Weltvernunft besitzt. Andernfalls wäre alles Nachdenken vergeblich. Gedanken sind also keineswegs prinzipiell ein Überbau über der eigentlichen Realität, nicht Ideologie, sondern Bestandteil der Realität. Das Praktischste, was es gibt, ist die Theorie, die uns die Welt verstehen läßt, denn durch sie können wir erfahren, wie wir uns verhalten sollen, wie wir sinn- und wirkungsvoll in die Wirklichkeit eingreifen können.

Nun kann man auch auf die Art aufmerksam werden, *wie* man seine Gedanken miteinander verbindet, also nicht nur auf die einzelnen Gedanken selbst, sondern auf die *Gedankensysteme und Denkweisen* achten lernen. Es gibt viele von der Sache her berechtigte Denkmöglichkeiten. Unterschiedliche Fachgebiete der Landwirtschaft haben heute oft so unterschiedliche Gedankensysteme entwickelt, daß die Verständigung zwischen diesen manchmal gar nicht so leicht ist, obwohl es sich um dieselbe Sache handelt, mit der sie sich beschäftigen. Das ist ein großes Problem der heutigen spezialisierten Wissenschaft, das mit ihrer hohen Entwicklung der Detailkenntnisse zusammenhängt. Inner-

---

35 „Verstehen" stellte Wilhelm Dilthey (1833 - 1911) dem „Erklären" gegenüber. Er war Psychologe und meinte das für die Psychologie. Diese Differenzierung ist aber für alle Gebiete fruchtbar, mindestens die der Biologie, die mit naturwissenschaftlichen Methoden bearbeitet werden. Unter „Erklären" verstand er die naturwissenschaftliche Art des Nebeneinanderstellens der Teile und des Erklärens aus ihrem äußerlich Aufeinanderwirken. Mit „Verstehen" charakterisierte er das Ineinander des nicht einfach summistischen, lebendigen Ganzen. Er wies auf die Abhängigkeit des Welterlebens vom Zustand des Betrachters.
Hirschberger, J., 1976 u. 1991: Geschichte der Philosophie. Diesen Zustand nicht nur hinzunehmen und sich vielleicht mehr oder weniger bewußt zu machen, sondern ihn willkürlich und ganz wachbewußt so einzunehmen, wie das Objekt es fordert und entsprechend dem Wesen des zu Erkennenden zu ändern, ist ein zentrales Anliegen der Anthroposophie.

halb eines Gedankensystems kann man unterschiedliche Bezüge zwischen den Gedanken aufsuchen, was ein Aspekt der Denkweise ist. Je mehr wir diese Möglichkeiten ausschöpfen, um so besser verstehen wir den betrachteten Teil der Wirklichkeit. Er offenbart sich uns von immer wieder neuen geistigen Seiten, nicht nur den räumlichen. Es kann aber auch unzutreffende Gedankenverbindungen geben, die wir Irrtum nennen. Solche Gedanken können zur Ideologie werden, zu fragwürdigen Gedankengebäuden. Wenn sie mit der Wirklichkeit nichts mehr zu tun haben, reiner „ideologischer Überbau"[36] sind, dann ist das meist leicht zu durchschauen. Gewöhnlich handelt es sich jedoch um berechtigte Weltaspekte, welche die Grenzen ihres Berechtigtseins überschreiten. Zeitströmungen haben oft diesen Charakter, und Moden in der Wissenschaft sind davon keineswegs auszunehmen. Da in den vielen Gebieten naturwissenschaftlich orientierter Studiengänge die Gedankensysteme und Denkweisen so unbewußt gelernt werden wie von den Kindern das Gehen,[37] entwickelt sich häufig ein harter Kollektivgeist unter den Wissenschaftlern, als Symptom der Gebundenheit an das unreflektiert Erlernte und des mit ihm meist erfolgreich Praktizierten.[38] Daß es auch eine Menge weniger erfolgreicher Bemühungen gibt und daß vor allem auch neue Probleme durch die Art des Vorgehens geschaffen werden, wird meist nicht auf die paradigmatischen Grundlagen zurückgeführt, weil sie gar nicht zur Debatte stehen. Vereinigen sich Menschen mit einem begrenzten Weltaspekt, den sie für allgemeingültig halten, dann nennt man das eine Sekte. Je bewuß-

---

36 Das ist ein Begriff von Karl Marx, der Materialist war und allen Gedanken nur die Eigenschaft des Überbaues, der Nicht-Realität zurechnete. Daß dies dann auch für das Gedankengebäude des Marxismus gelten würde, hat er nicht gesehen. Herder Verlag, Freiburg, Basel Wien.
37 Das ist ein nur wenig verändertes Wort von Peter Janich, 1981:
Wissenschaftstheorie und Wissenschaftsforschung. Verlag C. H. Beck, München.
38 Kuhn, Th. S., 1962: Die Struktur wissenschaftlicher Revolutionen, und 1975: Die Entstehung des Neuen. Suhrkamp, Frankfurt.

ter man in bezug auf die innere Seite der Welterkenntnis wird, um so sicherer durchschaut man diese Probleme.

Die polarisierende oder auch dialektische Methode ist eine Denkweise, die wohl in allen Gedankensystemen anwendbar ist. Methodisch ist es nicht schwierig, Polaritäten aufzusuchen: Immer, wenn man etwas gefunden oder erkannt hat, fragt man bewußt, ob es nicht das Gegenteil auch gibt. Wie müßte das sein? Dann blickt man wieder in die Welt und sucht, ob man nicht etwas Entsprechendes finden kann. Auf diese Weise entdeckt man, daß die *Wirklichkeit* oft und häufig polar gegliedert ist. Der moderne Philosoph, der diese alte Denkweise[39] neu belebt hat, ist Hegel, ein Zeitgenosse Goethes. Er sprach vom *„methodisch ausgebildeten Widerspruchsgeist, der in uns allen wohnt"*[40].

Rudolf Steiner sucht im Landwirtschaftskurs von vornherein Gegensätze in der Wirklichkeit auf und beschreibt sie. Diese Gegensätze schließen sich nicht aus, sondern bedingen sich gegenseitig und führen in ihrem Aufeinanderwirken, in ihrer Begegnung, zu einem rhythmisch sich Verbinden und damit einem Mittleren, hier dem *tatsächlichen, sinnlich erfahrbaren Leben an der Erdoberfläche*. Die Ursachen des sinnlich erfaßbaren Lebensgeschehens sind also auf einer höheren Ebene der Wirklichkeit zu suchen, zunächst der des Ätherischen. Und auf dieser Ebene handelt es sich um Kräfte, die aus ihren Gegensätzen im Für- und Miteinander die Wirklichkeit hervorbringen.

---

[39] Goethes Farbenlehre beruht auf der Polarität von Licht und Finsternis, ist aber experimentell, d. h. an gründlicher Sinneserfahrung erarbeitet, nicht im reinen Denken wie bei Hegel. Auch Goethes Entdeckung der Metamorphose der Pflanze beruht auf Polarität. Die chinesische Lehre des Yin-Yang ist zu dieser Betrachtungsart zu rechnen und spielt in fast allen Kulturen Asiens eine wichtige Rolle.
[40] Eckermann, J. P.: Gespräche mit Goethe. 18. Okt. 1827, Insel Verlag, Frankfurt/M.

Die Sonne ist nicht nur die Quelle des Lichtes und der Wärme, sondern auch des Ätherischen, d. h. des Lebens, und des Astralischen, d. h. dessen, was Organismen zu selbständigen Eigenwesen macht. Das Astralische, sobald es zum Astralleib des einzelnen Lebewesens wird, ist die Ursache der besprochenen, stufenweisen Emanzipation, die über das Lebendigsein hinaus zu einem Erleben, also zu Bewußtsein und zur Fähigkeit der aktiven Fortbewegung führt. Äther und Astralität entströmen der Sonne. Beide haben Selbständigkeit und Dauer, d. h. im philosophischen Sinne Substanzcharakter, sind jedoch nicht materiell, auch nicht feinstofflich. Sie sind nur übersinnlich erfahrbar, d. h. in diesem allgemeinen Sinne geistiger Art. Sie werden durch die planetarischen Sphären differenziert, d. h. siebenfältig gegliedert bzw. qualitativ modifiziert. Rudolf Steiner schildert sie hier zusammenfassend im Sinne einer polaren planetarischen Differenzierung der Sonnenkräfte.

Der Mond wird hier zu den Planeten gerechnet. Jeder weiß seit vier Jahrhunderten natürlich, daß Monde Trabanten der Planeten sind und nicht selbst Planeten. Vom irdischen Aspekt aus, besonders dem des Lebens auf der Erde, ist der Mond jedoch ein Gestirn, das mit deutlich wechselndem reflektiertem Sonnenlicht durch den Tierkreis wandert. Das ist der Jahresweg der Sonne. Beides, die wechselnde Gestalt im Licht der Sonne und den Weg vor den Fixsternen in der Nähe der Ekliptik, hat sein Erscheinungsbild mit den Planeten gemeinsam. Er steht zwischen Erde und Sonne, was bei Venus und Merkur auch der Fall ist, obwohl diese, im Unterschied zum Mond, auch hinter der Sonne stehen können. Andererseits steht er bei Vollmond in Opposition zur Sonne, was er nur mit den obersonnigen Planeten gemeinsam hat. Auch diese erstrahlen in ihrer Oppositionsstellung zur Sonne in ihrem höchsten Glanz. Wir wollen hier jedoch nicht die ganze Mondastronomie besprechen. Die Ähnlichkeiten mit den Planeten liegen ganz nahe. Sie sind nur phänomenologisch geordnet, d. h. so, wie sie wahrgenommen werden, nicht kopernikanisch.

Im 1. Vortrag folgt auf die Beschreibung der polar gegliederten planetarischen Lebens-*Kräfte* die Polarität von kieseligen und kalkigen *Stoffen,* die als die irdischen Träger oder Vermittler dieser Kräfte beschrieben werden. Bei den ersten ist außer an Quarz an die vielerlei silikatischen Mineralien zu denken, wie Feldspäte und Glimmer, für die letzteren werden Kalk, Kali, Natriumsubstanz genannt, mindestens das Magnesium ist hinzuzurechnen.

Diese Stoffe selbst sind im Boden als Mengenelemente vorhanden, in der Atmosphäre aber „homöopathisch" fein verteilt. Ob damit hier nur die feine Verteilung gemeint ist, ist vielleicht als offene Frage zu betrachten. Bei einer homöopathischen, stufenweisen Verdünnung (Potenzierung) käme es zu einer Wirkungs-*umkehr.* Das kann von Steiner gemeint sein, ist aber nicht sicher so. Die feinste Staubbildung wird zunächst nur für den Kiesel beschrieben, für die „kalkigen" Stoffe im 2. Vortrag ausdrücklich nachgeholt (2, 48). Dabei ist z. B. zu bedenken, daß die Bildung von Wassertropfen, Schnee- und Eiskristallen in der Atmosphäre immer eines Kondensationskerns, eines festen Staubteilchens bedarf. In den Reinluftgebieten Süddeutschlands entstehen die Maxima der Staubverschmutzung der Luft bei entsprechender Witterung durch den Wüstenstaub der Sahara. Bei der Freisetzung radioaktiver, fester Elemente wird die feine, weltweite Verteilung in der Atmosphäre besonders deutlich bewußt. Daraus kann man das Maß dieser Tatsache abschätzen.

Dann kommen die Wärme und das Wasser oder die Feuchte als wirksame, die planetarischen Kräfte unterstützende *Elemente* hinzu (siehe unten). Sie stehen hier im Dienst der ätherisch-astralischen Polarität, ohne selbst im eigentlichen Sinne zueinander polar zu sein. Wenn man hier mit dem Verständnis tiefer eindringen will, führt Steiners erdgeschichtliche Betrachtung weiter (siehe unten).

Die Beschreibung der gegensätzlichen Veränderungen der Pflanzengestalt (1, 36) ist nur zu verstehen, wenn man begreift, daß die Pflanze aus gleichzeitig wirkenden Kräften hervorgeht, die gegensätzliche Wirkungen auf die *Art der Pflanzenbildung* haben. Dadurch, daß in Steiners Gedankenexperiment einmal vom Kiesel nur die Hälfte angenommen wird, nehmen die obersonnigen Kräfte entsprechend ab, wodurch das Verhältnis zwischen beiden Kräften zugunsten der untersonnigen verschoben wird. Wäre von den kalkigen Stoffen nur die Hälfte da, wird das Verhältnis zugunsten der obersonnigen Kräfte verschoben. Auf diese Weise sind die polaren Bildungstendenzen der Pflanzengestalt zu denken. Steiner sagt nicht, wie es wäre, wenn eine Seite, also Kieseliges oder Kalkiges, ganz wegfiele, vermutlich weil dann keine Pflanze entstehen könnte.

Der polarisierenden Methode entsprechend muß man sich immer auch fragen, inwiefern der polarisierende Gesichtspunkt von der Wirklichkeit *nicht* bestätigt wird. Man muß immer auch die *Grenzen einer Methode* suchen. Innerhalb der Stoffeswelt, wenn man sie für sich betrachtet, besteht z. B. die eigentliche große Polarität zwischen den Alkalien (Lithium, Kalium, Natrium) und den Säurebildnern, den Halogenen (Fluor, Chlor, Brom, Jod). Die stoffliche Ordnung im periodischen System der Elemente ist also nicht einfach identisch mit dem hier Geschilderten.
Im Streben nach Erkenntnis der vollen Wirklichkeit kann und sollte man zu anderen Gedankensystemen übergehen und wieder systematisch suchen, z. B. dem der Zeit, dem des Entstehens in der Vergangenheit, die im Gegenwärtigen weiterhin wirksam ist.

Dieser Aspekt ist bei Steiner hauptsächlich in seinen Büchern „Geheimwissenschaft im Umriß"[41] und „Aus der Akashachronik"[42] geschildert, aber außerdem in vielen Vorträgen[43]. Saturn, Jupiter und Mars repräsentieren dort lang vergangene Stufen der Entwicklung der Erde und mit ihr der des Menschen. Schließlich kommt es darauf an, unterschiedliche Betrachtungsarten zusammenzuschauen und miteinander in Übereinstimmung zu bringen.

Gestalt(-Formen) - Stoffe - Prozesse - Kräfte - Wesen

Hier wird unbefangen von *Kräften* gesprochen. Wir haben oben schon gesehen, daß die bloße Annahme von Kräften nicht weiterführt. Darum handelt es sich hier nicht. »Man muß sich hineinstellen in diese Kräfte, die das Wachstum regeln« (6, 154). Es ist also gemeint, daß man sich mit dem Bewußtsein hineinstellt und damit zu einer Erfahrung der Kräfte kommt. Wie stehen *Kräfte* im Gesamtbild der Wirklichkeit?

Mit den Augen nehmen wir einzelne *Formen* und ganze *Gestalten,* z. B. Organismen wahr. Für den Tastsinn ist das ähnlich. Allerdings machen wir uns meist nicht klar, daß eine Gestalt schon ein Zusammenhang von Wahrnehmungen darstellt, für welchen die Registrierung z. B. unsere Augen*bewegungen*, wenn wir die Grenzen der Gestalt mit dem Blick abwandern, eine ähnliche Rolle spielt, wie die leiblich-inneren Wahrnehmungen der *Bewegungen* unserer Arme und Hände neben den Eindrücken des Tastsinnes. Das Zusammengehören der Wahrnehmungen unterschiedlicher Sinne wird erst durch das Denken bewußt, das auf

---

41 1910, GA 13.
42 1904, GA 11.
43 Steiner, R., 1909: Geistige Hierarchien und ihre Widerspiegelung in der physischen Welt. GA 110. 1911: Die Evolution vom Gesichtspunkt des Wahrhaftigen. GA 132, und an vielen anderen Orten.

diese verschiedenen Gebiete der Sinne angewendet wird. Denn eine Gestalt ist immer schon eine Summe vieler Sinneseindrücke, die durch das Denken als zusammengehörig erkannt und dann auch miteinander verbunden erlebt werden. Weil unsere Aufmerksamkeit auf die Gestalt selbst fixiert ist, entfallen viele Einzelbeobachtungen und die verbindende Tätigkeit des Denkens unserer Beobachtung.

Dies gilt aber auch für die sich wandelnden Erscheinungen eines Organismus in der *Zeit*. Von der Eizelle bis zum keimenden Samen und weiter über die blätter- und blütenbildende Pflanze bis zum neuen Samen, gehören alle Gestalten nur *demselben, einen* Organismus. Entsprechendes gilt für Tier und Mensch.
Wenn wir die Gestalt mechanisch oder chemisch auflösen, bleibt etwas übrig. Das nennen wir dann Materie, die aus *Stoffen* besteht. Geruch und Geschmack sind Sinnesfähigkeiten, durch die sich Stoffe besonders deutlich offenbaren. Durch die analytische Chemie entstehen dann sehr viele neue Wahrnehmungen, die bei systematischem Vorgehen in ihrem Zusammenhang erkannt werden.

Ein lebendiger Organismus hat aber einen Stoff*wechsel*. Der Organismus bleibt, aber seine Stoffe werden fortlaufend ausgewechselt. Das ist bei Tier und Mensch intensiver und allgemeiner der Fall als bei Pflanzen, gilt aber doch auch für diese. *Der Wandel ist das einzig Bleibende. Alles ist im Fluß. Das geregelte Fließen, im Sinne des in der Zeit lebenden Ganzen, ist die eigentliche Realität des Lebens.*[44] Wenn wir ihr mit dem Bewußtsein gerecht werden wollen, dann müssen wir in diesen Wandel konkret eintreten, vom Wissen übergehen zum Nachvollziehen. Das

---

44 Bertalanffy, L. v., 1901-1972, befaßte sich in unserem Jahrhundert als Biologe besonders mit der Frage der Ordnung im Fließgleichgewicht, engl. „Steady-state". Die Kenntnis ist aber uralt, philosophisch zuerst bei Heraklit (ca. 544 - 483 v. Chr.).

ist nicht leicht und überschreitet das, was wir gewöhnlich im Erkennen tun.

Wir können uns ein solches pausenloses Geschehen nur durch organismuseigene Kräfte hervorgebracht denken. Dieses wird bei wechselnden Umweltbedingungen in vielfältigen sich anpassenden aufbauenden und abbauenden Prozessen immer wieder erneuert. Wenn wir konsequent sind, müssen wir dann auch noch nach den Quellen der Kräfte fragen. Wir kommen dann zu geistigen Wesen, Wesen ähnlich wie ich, der ich meine Aufmerksamkeit dorthin wende, wohin ich will, der ich meinem Denken seine Richtung gebe und es vorantreibe, der ich mich aus selbst erkannten und selbst gewählten Gründen zu Bestimmtem entschließe und mit Initiative in der Welt wirke. Die anthroposophische Literatur ist voll von Schilderungen, die auf diese Frage eingehen. Es kennzeichnet jedoch Steiners Vorgehen im Landwirtschaftskurs, daß er die Natur und das Eingreifen des Landwirts in erster Linie vom Aspekt der *lebendigen Kräfte* schildert.

„Kraft" im Sinne der Erfahrung

So wichtig eine solche gründliche Besinnung ist, müssen wir uns doch fragen, ob und wie wir zu einer konkreten Erfahrung solcher Kräfte kommen können. Das meint Steiner mit „Hineinstellen", aber es ist mit den gewöhnlichen sechs Sinnen nicht möglich.

Die Schwierigkeit im wissenschaftlich verantwortlichen Umgang mit dem Begriff der Kraft beruht darauf, daß wir Kräfte nicht unmittelbar wahrnehmen können, da sie nicht sichtbar, hörbar, riechbar usw. sind. Die allgemeine Erfahrung der Kraft beruht darauf, daß wir uns mit unserer eigenen Organisation betätigen, willentlich bewegen müssen und dann ein *leibliches Erlebnis der eigenen Anstrengung als Folge des aufgebrachten Willens entsteht*. Sofern wir mit unserer Willensbetätigung äußeren Widerstand überwinden, z. B. das Gewicht unseres Leibes im Bergaufsteigen, einen Gegenstand heben oder verschieben, den Boden bearbeiten usw., bilden wir das *Urteil der Kraft* (Gewicht, Trägheit, Reibung) *nach dem Maß unserer Anstrengung*. Was wir üblicherweise Kraft in der Natur nennen, ist für die tatsächliche Erfahrung die *eigene Willensanstrengung in der Betätigung des Leibes beim Überwinden eines Widerstandes*. Das gilt also in der Arbeit, beim Sport oder auch im Experiment mit uns selbst zur Prüfung dieses Sachverhaltes. Das sind Erlebnisse des Tastsinnes (Eindrücke in die Haut) in Verbindung mit den Gefühlen der Muskelspannungen im ganzen Organismus, den Gelenkgefühlen, den Erfahrungen der eigenen Bewegung und der Veränderungen des Gleichgewichtes. Wenn man die Aufmerksamkeit darauf richtet, sind das deutliche Erlebnisse. Normalerweise ist unsere Aufmerksamkeit jedoch von dem Objekt erfüllt, das wir bewegen wollen. Nur die leiblichen Folgen des eigenen Willens werden erfahren und daraus das *Urteil* der von der Außenwelt einwirkenden Kraft gebildet. Unser schlußfolgerndes und urteilendes Denken entgeht dabei unserer Aufmerksamkeit. Diese ist ganz auf das Objekt gerichtet. Durch die Anwendung von Meßinstrumenten ändert sich das nur scheinbar, nicht wirklich. Was z. B. eine Waage anzeigt, die Qualität des Schwerseins, das Wesen dessen, das gemessen wird, kennen wir nur, weil wir die Anstrengung erfahren, wenn wir einen Gegenstand *selbst* anheben. Von Kräften erfahren wir also nichts durch bloße Betrachtung als externer Beobachter, sondern dadurch, daß wir uns *aktiv in sie hineinstellen*. Wir wissen zwar, was Gramm oder Kilogramm sind, aber wir verschlafen gewöhnlich die Erfahrungen, durch die wir das wissen. Wir wissen auch, was Milligramm oder Tonnen sind, obwohl wir bei diesen Größenordnungen ohne Instrumente kaum noch Erfahrungen machen können. Aber wir durchschauen, daß wir uns mit den Waagen im gleichen Medium befinden und die Grenzen unserer Sinnesfähigkeit nur quantitativ überschreiten. Auch die wissenschaftliche Definition der mechanischen Kräfte verstehen wir, weil wir die meist unbewußten oder halbbewußten Erfahrungen unserer körperlichen Tätigkeit seit frühester Kindheit besitzen. Wir sind von der quantitativen Seite der Definitionen der Maßeinheiten, von dem „Wieviel" erfüllt, ohne uns zu fragen, woher wir wissen, *wovon* es mehr oder weniger gibt oder *was* wir messen. Schon bei den gewohnten mechanischen Kräften zeigt sich die also tatsächliche Erfahrbarkeit als keine einfache Sache. Sie nötigt uns, innere Erfahrungen einzubeziehen um mit der Welterfahrung zurecht zu kommen. Wenn wir allerdings damit zufrieden sind, daß die Vorgehensweise äußerlich gut funktioniert, ohne daß wir sie wirklich durchschauen, dann entsteht keine Frage. Es ist *immer* erforderlich, den erkennenden Menschen in die Welterkenntnis einzubeziehen. Wir müssen es nur bemerken.

Dies läßt sich nach der geistigen Seite entsprechend entwickeln, zunächst als Kraft des Denkens, was mit Wille im Denken identisch ist. Dort können wir dazu kommen, den Willen selbst zu erfahren, insofern wir ihn aufbringen, und erfahren ihn unmittelbar, wenn wir z. B. schwierige, ungewohnte Gedankenwege gehen oder auch nur einen Gedanken wirklich festhalten. Der Widerstand liegt besonders in den eigenen, schon vorhandenen Vorstellungen oder in deren automatischem Weiterlaufen. Das kennt wohl jeder, doch sind wir nicht gewohnt, darauf aufmerksam zu sein. Klare Vorstellungen sind für uns außerdem fest, scharf konturiert. Dann sind sie jedoch tot. Lebensgemäße Vorstellungen müssen verwandelbar sein, sich bewegen wie das Leben selbst. Das geht nur durch unseren Willen. In dieser Richtung sich übend, können die höheren geistigen Fähigkeiten im Sinne der Anthroposophie entwickelt werden, und es betrifft dann in dieser Schilderung deren erste Stufe, die *Imagination* (im Sinne Steiners). Diese kann zur sogenannten Inspiration und Intuition erweitert werden. Auf diese Weise ist zu verstehen, was Steiner mit geistigem »Drinnenstehen« in den Kräften des Lebens usw. meint, und es kann seriös von Kraft aufgrund von Erfahrung gesprochen werden. *Nicht* gemeint ist also Kraft als einer bloßen Forderung des Denkens, *nicht* als fiktiver Schöpfung des spekulativen Bewußtseins, um äußere Erscheinungen zu erklären, an denen aber eine Erfahrung von Kräften doch nicht auftritt. Die Naturwissenschaft interessiert sich jedoch nicht für das Wesen der Kräfte, sondern nur für deren Meßbarkeit. Kräfte, die man nicht messen, aber erfahren kann, müssen dann aus dem so erarbeiteten Weltbild herausfallen.

In jeder Erkenntnisbemühung bringen wir der Welt etwas entgegen. Schon welche Frage wir stellen, hängt von uns selbst ab. Eine Frage zu verfolgen, heißt zugleich viele andere liegen zu lassen. Welche Wege wir dann einschlagen, um zu einer Antwort zu kommen, ist in unsere Freiheit gestellt, sofern wir diesbezüglich selbsterkennend und schöpferisch sind. Andernfalls bringen wir nur das gewohnte Gedankengerüst entgegen, werden uns dessen nicht bewußt und halten es für selbstverständlich. Macht das jemand anders, wird er häufig schnell der „Weltanschauung", vorwissenschaftlicher Festlegungen verdächtigt. Man sieht den Splitter oder auch nur den scheinbaren Splitter im Auge des anderen, weil der Balken im eigenen Auge unerkannt bleibt.[45] Ob aber Gedankenschritte in der gewählten Richtung möglich sind und welche, d. h. ob es Zusammenhänge gibt, bestimmen allein die Gedanken, soweit sie *Bestandteil der Tatsachen* sind, selbst. Diesen fügt sich der Denkwille. Er muß sich aller eigenen Inhalte, wie z. B. seiner Wünsche, entäußern. Wir müssen also nach inneren, geistig-seelischen Methoden suchen, die der gestellten Frage und ihrem Objekt angemessen sind.

---

45 Ev. Matthäus 7,4: Was siehst du aber den Splitter in deines Bruders Auge, aber den Balken in deinem Auge siehst du nicht?

Die polarisierende Methode bewahrt zugleich vor einseitigen, engen Vorstellungen und führt von einer gegenständlichen in eine dynamische Betrachtungsweise der Wirklichkeit hinein, d. h. in eine der realen Prozesse und der sie hervorbringenden Kräfte. Die sinnenfällige Wirklichkeit ist dann aus dem *Zusammenwirken polarer Kräfte* zu denken und in ein denkendes Erleben zu erheben. Auf die seelische Hingabe an alles, was im Gedankenlicht erfahren werden kann, kommt es an.[46] Goethe sprach in diesem Sinne von „Polarität und Steigerung", Hegel im Sinne der Wege des reinen Denkens von der „dialektischen Methode" als dem „systematisch ausgebildeten Widerspruchsgeist", der von der These zur Antithese fortschreitet und dann zwischen beiden die *Synthese* bildet. In dem hier gemeinten Sinne kann uns die Methode dazu führen, die Wirklichkeit als aus der Synthese realer, polarer Kräfte hervorgehend zu erkennen.

Die Elemente der alten Griechen und die chemischen Elemente

Wenn man die Welt betrachtet, ohne sie dabei zu verändern, d. h. ohne Versuche zu machen, und sich bemüht, die Erscheinungen auf etwas zurückzuführen, das allem zugrunde liegt, dann kann man zu den vier Elementen der Griechen kommen:
Feuer (Wärme), Luft (Gas), Wasser (Flüssiges) und Erde (Festes).
Das ist nach Rudolf Steiner zugleich eine Evolutionsreihe, in welcher alle Schöpfung und Verwandlung mit dem Auftreten der Wärme beginnt. Dies gilt auch für die lange Vergangenheit des Planeten Erde.

Daran knüpft Steiner an, wenn er feststellt (1, 38/39), daß die Mondenkräfte in ihrer Wirksamkeit über den Kalk durch das

---

46 Steiner, R., 1925: Anthr. Leitsätze. Brief v. 17. August 1924. GA 26.

Wasser unterstützt werden und die obersonnigen Kräfte über die kieseligen Substanzen durch die *Wärme*.

Die *chemischen* Elemente werden im Gegensatz zu den Elementen der Griechen erst bemerkbar durch eine *operationale* Naturwissenschaft, die im äußeren Sinne chemisch analysiert, also die Natur untersucht, in dem sie systematisch auseinandernimmt, bis es nicht mehr weitergeht. Das ist typisch für die Naturwissenschaften der Neuzeit. Die alten Griechen haben nicht experimentiert. Die experimentelle Veränderung der Natur wird jetzt ein wesentlicher Bestandteil der Wissenschaft. Steiner bespricht auch die chemischen Elemente im Lebenszusammenhang. Das zieht sich durch alle Vorträge hindurch. Besonders der dritte Vortrag ist ganz dieser Frage gewidmet.

Zwischen diesen Betrachtungsweisen der alten Griechen und der modernen Chemie gibt es keinen Widerspruch. Es handelt sich um Verschiedenes. Das eine steht nicht an der Stelle des anderen, sondern ergänzt es. Ein Problem besteht nur in der Namensgleichheit „Elemente". Man muß wissen, was jeweils gemeint ist. Beide, die vier Elemente und die chemischen Elemente, werden als Vermittler und Träger geistiger Kräfte beschrieben.

Kulturpflanzen und -Dauerpflanzen
Steiner führt dann weiter aus, daß von der Keimung bis zur Reproduktion in erster Linie die untersonnigen Kräfte wirken, für das Entstehen der Nährhaftigkeit und der Dauerhaftigkeit jedoch überwiegend die obersonnigen.

Wenn eine Pflanze über ihre eigenen Erfordernisse der Erhaltung des Individuums und der Art (Reproduktion) hinaus Substanzen in die Frucht einlagert und speichert, ist dies unter den gebräuchlichen darwinistischen Gesichtspunkten kaum verständlich. Diese

Fähigkeit charakterisiert jedoch die Kulturpflanzen, die durch menschliche Züchtungsmaßnahmen entwickelt wurden (Nährhaftigkeit). Bei den echten Früchten wird der Prozeß der Einlagerung der neu gebildeten Substanz durch Verzögerung der Samenreife in der Kornbildung längere Zeit aufrechterhalten, wie es der Mehlkörper der Getreidearten besonders deutlich zeigt. Bei den Gemüsepflanzen erfolgt diese zusätzliche Substanzanreicherung in den Blütenstandknospen (Kopfkohlarten, Rosenkohl), in der Wurzel (Möhren, Rettich), dem Hypokotyl (Radieschen) oder im Sproß (Kohlrabi, Markstammkohl).

Die Holzbildung ist ein ganz ähnlicher Vorgang. Die Sproßbildung wird lange aufrechterhalten, in dem die in den Blättern gebildeten Kohlenhydrate zur Holzbildung, besonders auch im sekundären Dickenwachstum, d. h. der Anlagerung der Jahresringe festgelegt werden. Das charakterisiert die Dauergewächse. Die Blütenbildung, welche das Sproßwachstum meist abschließt, ist demgegenüber bei diesen Pflanzen auf ein relativ hohes Alter verschoben. Denn in der Bildung und im Leben der Blüte werden die in den Blättern gebildeten Zucker *veratmet*. Die Blüte verhält sich mit ihrem Stoffwechsel zur grünen Pflanze wie ein zehrendes Tier. Dementsprechend blühen die schnellebigen Kräuter, insbesondere unsere typischen Samenunkräuter, sehr früh, verstäuben geradezu in einer Überfülle unscheinbar kleine Samen (Vogelmiere, Greiskraut, Franzosenkraut und viele andere) und sterben danach ab.

2. Vortrag
Die landwirtschaftliche Individualität

Der zweite Vortrag steht unter dem übergeordneten Gesichtspunkt der einzelnen Landwirtschaft als einer »landwirtschaftlichen Individualität«. Steiner knüpft an die Tatsache an, die insbesondere in der Ökologie bearbeitet wird, daß kein Lebewesen für sich gedeihen kann, sondern nur mit anderen zusammen. An einem Standort bilden alle Arten und Individuen miteinander eine höhere Einheit, eine Lebensgemeinschaft oder Biozönose, aus der das einzelne Lebewesen seine Lebensmöglichkeit bezieht. Zugleich schafft es dabei für die anderen die Bedingungen des Lebens und verwandelt allmählich auch die zunächst unlebendigen Faktoren oder Eigenschaften des Standorts. Insbesondere der Boden, seine Entstehung, Entwicklung, Erhaltung und, wenn nicht verhindert, sein langsamer Zerfall, können nur so verstanden werden. Die Pflanzen sind nicht nur ein Ergebnis des Bodens, sondern der Boden ist auch ein Produkt des Pflanzenlebens, an das sich immer ein Tierleben anschließt. Was man auch immer am Boden messen mag, Humusgehalte und -beschaffenheit, Mineralgehalte, pH-Wert, Gefüge usw. - die Bildung des Bodens, seine Erhaltung und seine Verbesserung werden durch Lebewesen in ihrer Auseinandersetzung mit dem Gestein, dessen Auflockerung, Auflösung und Einbeziehung in das Lebensgeschehen hervorgebracht. Alle diese Eigenschaften eines Bodens nehmen ihren Ausgangspunkt von der immer wieder neu am Licht gebildeten Pflanzensubstanz, welche die primäre Nahrungsquelle aller Lebewesen darstellt. Man nennt diese höhere Einheit heute »Ökosystem«, den Teilaspekt des Standorts als Lebensraum »Biotop«.

Rudolf Steiner verwendet dafür den Begriff „Organismus", in dem er feststellt, daß überall, wo ein Naturwachstum ist, dieses natürliche Leben sich als eine geordnete Ganzheit und wie ein Organismus höherer Art gestaltet zeigt. In diesem Sinne ist es ganz exakt, den Boden ein Organ dieses Organismus zu nennen. Er stellt fest, »Eine Landwirtschaft erfüllt eigentlich ihr Wesen im besten Sinne des Wortes, wenn sie aufgefaßt werden kann als eine Art Individualität für sich, eine wirklich in sich geschlossene Individualität«. Alles was dort lebt, erfolgt in gegenseitigen Wechselwirkungen. Er nennt eine solche Landwirtschaft eine »Art Individualität«, zunächst als Feststellung tatsächlich vorhandener, vielfältiger individueller Unterschiede. Das ist aber, wie wir später sehen werden, nur der erste, unterste Aspekt dieses Begriffes. Außer den immer wieder wechselnden Naturbedingungen spielen für diese Unterschiede die Landwirte mit ihren verschiedenen Traditionen und Zielen, Betriebsstrukturen und Arbeitsweisen eine wichtige Rolle.

Steiner knüpft damit bewußt an den tierlichen und menschlichen Organismus an, in denen vergleichbare Ordnungen und Gesetze zu finden sind. Daß von der Landwirtschaft zu diesen zunächst auch erhebliche Unterschiede bestehen, die den vergleichenden Hinweis weit hergeholt und überraschend erscheinen lassen können, ist selbstverständlich. Mit ihm wird aber auf Beziehungen verwiesen, die zwar für das äußere Anschauen gerade alles andere als selbstverständlich sind, jedoch der Suche nach den hervorbringenden Kräften und ihrem gesetzmäßigen Zusammenspiel eine verfolgenswerte Richtung geben. Die Berechtigung und Bedeutung dieser Richtung des Studierens ergibt sich zunächst aus der gemeinsamen Evolution von Mensch, Erde und Kosmos, wie sie in dem Buch „Geheimwissenschaft" beschrieben ist. Selbstverständlich muß es sich dann auch in den gegenwärtigen Fakten bewähren. Zeigt sich doch, daß das Geben und Nehmen innerhalb der Organismenvielfalt eines Standortes nicht zu einem Chaos, sondern einer lebendigen Ordnung führt, die bei allem Wechsel der Jahreszeiten in der Zeit fortlebt, Regenerationsvermögen besitzt und sich erhält.

Ellenberg formulierte das so: „Ein Ökosystem ist ein Wirkungsgefüge von Lebewesen und deren anorganischer Umwelt, das zwar offen, aber bis zu einem gewissen Grade zur Selbstregulation befähigt ist. .... Ein solches System ist nie eine additive Summe, sondern eine Einheit oder Ganzheit" (Hartmann 1933).[47]

Thienemann, der „Vater der Ökologen", hat 1956 darauf hingewiesen,[48] daß er 1918 in Vorträgen einen Teich einen „physiologischen Organismus höherer Ordnung" und eine „physiologische Individualität höherer Ordnung" genannt habe. Heute gilt es als Tatsache, daß Ökosysteme Regenerationsfähigkeit besitzen, also nicht nur der Ausdruck und Spielball der äußeren Verhältnisse sind, sondern ihre Eigenart auch bei einem Wechsel der Bedingungen bis zu einem gewissen Grade bewahren können. Das ist eine typische Eigenschaft der Organismen.

Was ist ein Organismus? Zunächst eine Gestalt. Aber diese befindet sich von der befruchteten Eizelle bis zum ausgewachsenen, wieder fruchtbaren Zustand in langsamem, ununterbrochenem Wandel. Das Stoffgeschehen, das zweifellos die sichtbare Gestalt erzeugt und erhält, besteht aus vielfältigen, zusammenstimmenden Stoff*wechsel*-Prozessen, die viel schneller verlaufen und sich viel schneller ändern als die Gestalt. Auf jede geringe Änderung der Außenbedingung reagieren sie im Sinne der Erhaltung der Eigenart des Organismus. Wie oben schon ausgeführt, ist der *Wandel* das *für das Leben Wirkliche*.

---

47 Ellenberg, H. (Hrsg.), 1971: Ökosystemforschung.
48 Thienemann, A. F., 1956: Leben und Umwelt. rororo 22.

Heute führt man die Erhaltung der Identität in aller Veränderung auf die bleibenden Gene in jeder Zelle zurück. Wie fein damit die Verteilung dieser in jeder Zelle gleichen Regulatoren ist, macht man sich oft nicht genügend klar, weil man die riesig vergrößerten Bilder der Lehrbücher im Bewußtsein hat. Bei einer mittleren pflanzlichen Zellgröße von etwa 30 µm (Mikrometer, 0,03 mm) Durchmesser sind in einem Kubikmillimeter 36 000 Zellen.[49] In solchen Größenordnungen spielen die Kräfte der Masse und des Gewichtes der Stoffe gegenüber denen der Oberflächen der Zellorganellen, der Membran- und Enzymaktivitäten nur noch eine untergeordnete Rolle. Diese Aktivitäten entstehen nach entsprechender Anregung von außen, wie man meint, durch die Gene. Wie wir gleich sehen werden, ist es besser, zu sagen, daß das Spektrum der Möglichkeiten der Aktivitäten eines Individuums durch seine Gene bestimmt wird.

Jeder mehrzellige Organismus ist aber außerdem in viele Gewebe und Organe differenziert. Zur gleichen Zeit geschieht daher an *verschiedenen Stellen des Organismus Unterschiedliches, ja Gegensätzliches.* Um ein einfaches Beispiel zu geben, folgt die Wurzel der Richtung der Schwerkraft, der Sproß wächst jedoch genau entgegengesetzt zu dieser. Beide orientieren sich tatsächlich an ihr, was im schwerelosen Raum daher nicht funktioniert. Wenn man genau ist, muß man feststellen, daß fast *jede Zelle* sich in bezug auf ihren Stoffwechsel von allen anderen unterscheidet. Alle haben aber die *gleiche* genetische Ausrüstung. Das ist ein entscheidender Faktor der Genetik. Bei all den großen Unterschieden arbeitet jede einzelne Zelle so, fügt sich so in das Ganze ein, daß eben dieses Ganze durch alle Wechselfälle und den eigenen Wandel hindurch erhalten und, trotz seines Wandels, mit sich

---

49 Die Zellgrößen schwanken stark und sind in Pflanzen häufig viel länger als breit. Der angenommene ist ein mittlerer Wert junger, noch nicht gestreckter Zellen. Zellen von Tieren sind kleiner.

selbst identisch bleibt. Die Zelle wird also vom Ganzen, vom Organismus her geregelt und gesteuert. Auf jeden Fall muß man dem Ganzen des Organismus eine Realität zusprechen, die nicht durch Zusammensetzung der Teile entsteht, sondern aus der die Teile hervorgehen. Genau dieses zeigt mit aller Deutlichkeit die Embryologie.

Die Gene können daher nicht die eigentliche Ursache des Lebensgeschehens sein. Die Genetik ist nur zu verstehen, wenn man sie als mikroskopisch-physisches Instrumentarium einer geistigen Wirklichkeit auffaßt, die sich mit Hilfe der Gene im Leiblichen verwirklichen kann, eben die eigentliche Realität des Ganzen. Eine geistige Wirklichkeit kann nur mit entsprechenden, d. h. geistigen Methoden gefunden werden. Solange man sich auf die sinnlichen Erscheinungen beschränkt, also methodisch festgelegt ist, kann man nach dieser Seite über Hypothesen nie hinauskommen. Diese führen in der Erkenntnis jedoch nicht oder nur sehr mühsam weiter, weil im Sinnlichen immer nur das Abgeleitete erfahren werden kann, aber kein Beweis nach einer geistigen Wirklichkeit möglich ist. Die große Vielfalt und Art der Beschreibungen Rudolf Steiners zeigen deutlich, daß es sich nicht um Ausgedachtes handelt.

Bei den sich erhaltenden Ökosystemen ist von vornherein klar, daß ihre Lebensgemeinschaften aus einer außerordentlich großen Vielfalt von Arten und Individuen bestehen und damit auch mit der entsprechenden Reichhaltigkeit ihrer Gene ausgerüstet sind.
Einen wichtigen Schritt über diese gedankliche Klärung dessen, was zum Verständnis des Lebewesens nicht genügt, kommt man hinaus, wenn man den eigenen menschlichen Organismus einbezieht. Denn als Menschen haben wir die Möglichkeit, uns selbst innerlich zu erkennen und geistig zu bestimmen, nicht einfach unseren Organismus auszuleben und den Bedürfnissen zu folgen,

die aus dem Leibe im Bewußtsein auftauchen. Wir sind nur im vollen Sinne Mensch, soweit wir in diesem Sinne tätig sind. Erst dadurch sind wir verantwortliche Wesen. Wenn man die Fachliteratur liest, welche diese Fragen streift oder direkt betrifft, gewinnt man den Eindruck, daß wohl die meisten Naturwissenschaftler, besonders die Mehrzahl der Genetiker und Gehirnforscher, glauben, daß die Erscheinungen des Bewußtseins Produkte der menschlichen Organfunktionen seien. Wären sie konsequent, dann würden sie erfahren, daß auch ihre eigene Wissenschaft davon abhängt, daß dies nicht so ist, sondern daß die Organfunktionen nicht Ursachen, sondern *Bedingungen* des Erkennens sind. Der Mensch kann über Gedanken frei verfügen, er arbeitet *ihren Inhalten gemäß*, soweit sie bewußt erfahren werden. Das Gleiche gilt für die *Richtung* der sinnlichen Aufmerksamkeit, die Benutzung verschiedener Sinne und den Einsatz von äußeren Instrumenten. Nicht die leibliche Organisation bestimmt über die Gedankenverbindungen, sondern *das Ich* gemäß den *gedanklichen Inhalten*. Das alles ist einsehbar und prüfbar. Es unterliegt dem Prinzip der Erfahrung und nicht des Glaubens, allerdings nur für den, der sein Bewußtsein zu beobachten versteht. Der Leib erweist sich als der Diener des Menschengeistes. Nur soweit das der Fall ist, kann es Erkenntnis und damit Wissenschaft und Verantwortlichkeit geben.

Diese Bestimmung des eigenen Denkens und Handelns durch das Ich ist die erkenntnismäßig sicherste Kausalbeziehung, die es überhaupt gibt, weil in der vernünftigen Handlung das Ich selbst sich bzw. den erwählten vernünftigen Gedanken zur Ursache macht und sich als solche erfährt. Alle Mechanismen und alle anderen Kausalbeziehungen in der Welt sind *von dieser inneren Erfahrung abgeleitet*. Weil das so ist, fühlen wir uns veranlaßt, im Geschehen der äußeren Welt nach Ursachen zu fragen. Die Meinung, daß es prinzipiell umgekehrt sei, ist ein wissenschaftlicher Traum, den Menschen pflegen, die sich auf die Sinneserscheinungen fixiert haben oder sich durch das Studium haben fixieren lassen. Der kollektive Geist der Scientific Community spielt für diese Festlegung eine erhebliche, mißliche Rolle. Ohne Aufmerksamkeit nach innen darf man gewiß keine Erkenntnis nach dieser Seite erwarten, ebensowenig, wie eine Erkenntnis der Seele durch Anatomie.[50] Die Gene können hier nur eine dienende, keine bestimmende, sondern nur eine bedingende Funktion haben, das ist eine wichtige Grunderkenntnis.

Damit ist nicht gesagt, daß sich der Mensch immer vom Geist bestimmen lasse. Wir lassen uns auch von Neigungen, Sympathien und Antipathien leiten, unter Umständen sogar gegen besseres Wissen. Wenn diese beim Menschen jedoch dominieren, ist es zunächst menschliche Schwäche. Wenn das Beherrschtwerden von solchen Bedürfnissen der Seele jedoch andauert, kann es zur Krankheit werden, die dann schließlich auch zum menschlichen Scheitern und zur rechtlichen Entmündigung führt. Es gibt also auch ein *seelisches Bestimmtsein*, das mit dem geistigen nicht immer identisch sein muß, sogar mit ihm in Widerspruch geraten und daher vom Geistigen deutlich unterschieden werden kann.

Wenn wir dagegen schlafen, sind die bewußten seelischen und geistigen Antriebe abwesend. Unser physischer Organismus wird während dieses Zustandes regeneriert, erfrischt. Es herrscht allein die Gesetzlichkeit des *Lebendigen*. Daher ist der Schlaf lebenswichtig. Schon im Lebendigen zeigt sich die Ordnung aller Prozesse im Sinne des Ganzen. Schon auf dieser Ebene hängt alles mit allem zusammen. Hört diese Wirksamkeit auf, wird der physische Leib zum Leichnam, zeigt er sich als irdische Hülle und zerfällt.

---

50 Virchow (1821-1902) soll bekanntlich gesagt haben, er habe schon hunderte von Leichen seziert, aber noch nie eine Seele gefunden.

Anknüpfend an die in der Einleitung dargestellte geistige Situation vor dem Landwirtschaftskurs, haben wir jetzt mit wenigen Worten auf Aspekte verwiesen, die mit dem Begriff des menschlichen Organismus und der Individualität verbunden sind, an die man aber nicht zu denken gewohnt ist, wenn man von „Ökosystem" spricht. Wir gewinnen dadurch Fragestellungen: Was ist hier vergleichbar? Worin liegen die Unterschiede? Was gewinnen wir durch den Vergleich?

Rudolf Steiner schildert nun eine vertikale Ordnung der planetarisch differenzierten Lebenskräfte, welche Sonnenkräfte sind. Das versteht er hier unter Organismus, der sich überall zeigt, wo ein Naturwachstum ist (2, 44). Das ist die *Lebensgrundlage* der landwirtschaftlichen Individualität. Damit befinden wir uns in demjenigen Element, das dem physischen, sichtbaren Leib als erstes geistig zugrunde liegt. Man soll es zunächst als eine Lokalisierung des Wirkens nehmen, dann gebe es eine lebendige Wechselwirkung zwischen über der Erde und unter der Erde (2, 45). Das sei entsprechend der menschlichen Organisation, jedoch in umgekehrter vertikaler Richtung. »Es ist nicht ganz genau gesprochen, sondern es soll nur verdeutlichen«.

Rudolf Steiner hat den menschlichen *Ätherleib* immer siebengliedrig beschrieben und auch diese sieben verschiedenartigen Lebenskräfte den Planeten zugeordnet. Um diese Lebenskräfte den Zuhörern verständlich zu machen, wählte er sehr verschiedene Begriffssysteme und entsprechend unterschiedliche Worte, wie „Lebensprozesse", „Lebensbewegungen", „Lebensstufen". Er sagte 1916 zur siebenfachen Gliederung: »Das Leben ist immer siebengliedrig. Die Zwölfzahl enthält das Geheimnis, daß wir ein Ich aufnehmen können. Die Siebenzahl wird so geheimnisvoll zugrundegelegt dem astralischen Leib wie die Zwölfzahl zugrundegelegt wird der Ich-Natur, dem Ich des Menschen.«[51] Die Siebengliederung des Ätherleibes ist also zu verstehen als aus dem Zusammenwirken mit dem Astralleib entstehend und bestehend. Das Seelische ist ein Bestandteil des Astralischen. Sie bilden die nächsthöhere Ebene des Übersinnlichen im Organismus. Dieser Zusammenhang zwischen dem Astralischen und dem Ätherischen ist aber bei Tier und Mensch ganz anders als bei den Pflanzen (siehe oben). Die Pflanzen werden unmittelbar von den kosmischen, ätherischen und astralischen Kräften bestimmt. Die höheren Tiere und der Mensch haben diese Wirkungen durch ihre inneren Organe ins eigene Innere verlegt und verselbständigt. Bei den Pflanzen und dem pflanzentragenden Standort, die von ihrem Ätherleib unmittelbar bestimmt werden, wirkt das Astralische von außen, ebenfalls als Sonnenkraft. Insofern darf man bei dem Vergleich zwischen der landwirtschaftlichen Individualität und der menschlichen Individualität oder auch zwischen dem landwirtschaftlichen Organismus und dem tierischen Organismus, nicht einfach beide als identisch nehmen. Der Hinweis auf entsprechende Eigenschaften oder entsprechende Verhältnisse wird nur dann fruchtbar, wenn zugleich bewußt ist, inwiefern beide gerade nicht übereinstimmen, vielleicht sogar polar zueinander sind.

Wie das Astralische eine innige Beziehung zum Ätherischen besitzt, so das Ich des Menschen zum physischen Leib. Die zwölf Sinne des Menschen sind gewissermaßen die Tore, durch die das Ich in die physische Welt blickt.[52] Auch in diesem Zusammenhang liegt ein wesentlicher Unterschied zum pflanzentragenden und tierbewohnten Standort. Dennoch spricht Steiner von der

---

51 GA, 45, 137, 170, 208.
52 Rudolf Steiner hat sich über die menschliche Sinnesorganisation oft gründlich geäußert und kam dabei zuerst zu dreizehn, dann zehn und in vielen anschließenden Darstellungen zu zwölf deutlich zu unterscheidenden Sinnesfähigkeiten. GA 115, 45, 169, 170, 21, 183, 293, 199, 206.

Wirksamkeit des Höchsten auf Erden uns zugänglichen Geistigen im Kohlenstoffgerüst, dem menschlichen Ich oder dem in den Pflanzen wirkenden Weltengeistigen (3, 70) und über Ich und Ich-Anlage in Verbindung mit dem Dünger (8, 200 ff.), worauf wir zurückkommen werden. Jedoch ein jeweils anderes individuelles Ich des einzelnen landwirtschaftlichen Betriebes kommt im Landwirtschaftskurs nicht vor und ist auch sonst bei Steiner nicht bekannt. Man kann daher nicht annehmen, daß so etwas gemeint wäre. Das gibt es nur beim Menschen.

Das Gemeinsame eines Ökosystems und einer Landwirtschaft liegt also in erster Linie in der eigentlichen *Lebensorganisation*. Alle Pflanzen bilden einen *Ätherleib* aus, der nicht nur das Pflanzenindividuum, sondern alle gemeinsam sowie die von den Pflanzen ausgehende Belebung der mineralischen Bestandteile des Standortes mitbetrifft. Wir haben oben gesehen, daß im Ätherischen alles miteinander zusammenhängt.

Das ist ähnlich wie bei den Gedanken. Sie sind alle miteinander verbunden. Jede neue Erkenntnis veranlaßt uns, alle unsere vorhandenen Gedanken zu überprüfen. Alles wird ein bißchen anders. Nur bei sehr bedeutenden, grundlegenden neuen Erkenntnissen gibt es eine ganze Revolution auf dem Gedankenfeld.[53] Kleine Änderungen müssen wir jedoch häufig anerkennen, und so bleibt unser Denken in Entwicklung und im Prozeß stetiger Annäherung an die Wirklichkeit. Dieser Bezug des einzelnen Gedankens zu allen anderen liegt im Gedanken selbst. Der Totalzusammenhang charakterisiert das Gedankenwesen. Dieser braucht dazu keine Bahnen von Nerven oder Blut wie der physische Leib. Nur wir als Denkende müssen schrittweise die Gedankenverbindungen aufsuchen, um zu bemerken, wie die

---

53 Kuhn, Th. S., 1962: Die Struktur wissenschaftlicher Revolutionen. Aus dem Amerikanischen von Simon, Kurt, Suhrkamp-Verlag, Frankfurt/M.

Gedanken zusammenhängen und was sich alles durch eine neue Teileinsicht verändert hat. Das läßt sich innerlich beobachten. Und so ist es beim Leben auch, nur nicht bewußt, denn Leben und Gedankenwelt sind nur zwei Erscheinungsformen des Ätherischen. Nur muß im denkenden Individuum das physische Leben ersterben, von seinem Ätherischen verlassen werden, damit letzteres dem Gedankenbewußtsein, also der menschlichen Seele und dem aktiv denkenden Ich zur Verfügung stehen kann.[54]

Diese teilweise Umwidmung des Ätherleibes von seiner aufbauenden, erneuernden Tätigkeit am physischen Leib, die Lösung von dieser Arbeit zur Freigabe der Gedanken an Seele und Ich, d. h. an das denkende Bewußtsein des Menschen, ist eine *Funktion der obersonnigen Planeten,* insbesondere von Saturn und Jupiter. Im physischen Leib entstehen dadurch Abbau, Verhärtung und Ausscheidung, also Alterungsvorgänge.

»Es ist von der allergrößten Bedeutung zu wissen, daß die gewöhnlichen Denkkräfte des Menschen die verfeinerten Gestaltungs- und Wachstumskräfte sind. Im Gestalten und Wachsen des menschlichen Organismus offenbart sich ein Geistiges. Denn dieses Geistige erscheint dann im Lebensverlaufe als die geistige Denkkraft.«[55] »Die Gedanken des Kindes werden nicht bewußt, sondern gehen in den Organismus hinein und treten in seinem Wachstum, in seinen Formen auf.«[56]

Der energische Denkwille des Ich verwendet die Denkfähigkeit der Seele und entzieht dem physischen Leib seinen Äther. Das ist für das Gehirn normal, ergreift aber auch weitere Teile des Organismus, z. B. das Skelett. So gesehen *vermitteln die obersonni-*

---

54 Äußerungen Steiners dazu gibt es in Fülle, z. B. GA 26, Schlaf und Wachen, Leitsätze 66, 73, 100. GA 208.
55 Steiner, R. und Wegman, I., 1925: Grundlegendes für eine Erweiterung der Heilkunst, 1. Kapitel. GA 27.
56 Steiner, R., 1920: Geisteswissenschaft und Medizin. 18. Vortr. GA 312.

gen Planeten das Eingreifen des Astralischen und des Ich, d. h. des Geistigen im Lebendigen.

Jetzt können wir auch verstehen, weswegen Steiner beim Vergleich mit dem Menschen sagt: Der Mensch, *namentlich in der Kindheit*[57] , also in der Lebenszeit, in welcher der physische Leib noch aufgebaut wird und sich die Denkfähigkeit erst zu entwickeln beginnt. Denn es geht in den Lebensprozessen der Landwirtschaft hauptsächlich primär um Pflanzen, um Wachstum, um Leibesbildung und nicht um Bewußtsein.

Obwohl solche Gedanken für den unvorbereiteten Leser neu und daher ungewohnt sind, gehören sie hierher, weil sie uns etwas in die Voraussetzungen einführen, die Steiner zur Bedingung für die Teilnahme am Kurs gemacht hatte. Sie lassen uns das Folgende besser verstehen. Dieses wird hier zitiert, weil es für die ganze Entwicklung zuerst der Biologisch-Dynamischen Wirtschaftsweise und dann des ökologischen Landbaues eine Schlüsselrolle gespielt hat:

»Nun, eine Landwirtschaft erfüllt eigentlich ihr Wesen im besten Sinne des Wortes, wenn sie aufgefaßt werden kann als eine Art Individualität für sich, eine wirklich in sich geschlossene Individualität. Und jede Landwirtschaft müßte eigentlich sich nähern - ganz kann das nicht erreicht werden, aber sie müßte sich nähern diesem Zustand, eine in sich geschlossene Individualität zu sein. Das heißt, es sollte die Möglichkeit herbeigeführt werden, alles dasjenige, was man braucht zur Hervorbringung, innerhalb der Landwirtschaft selbst zu haben, wobei zur Landwirtschaft der entsprechende Viehstand selbstverständlich hinzugerechnet werden muß. Im Grunde genommen müßte eigentlich dasjenige, was

---

57 2., 45.

in die Landwirtschaft hereingebracht wird an Düngemitteln und ähnlichem von auswärts, das müßte in einer ideal gestalteten Landwirtschaft angesehen werden schon als ein Heilmittel für eine erkrankte Landwirtschaft. Eine gesunde Landwirtschaft müßte dasjenige, was sie selber braucht, in sich selber eben auch hervorbringen können. Wir werden sehen, warum dies ein Natürliches ist. Solange man die Dinge nicht ihrer Wesenheit und ihrer Wirklichkeit nach ansieht, sondern nur äußerlich stofflich, solange kann in ganz berechtigter Weise die Frage entstehen: Ist es nun nicht einerlei, ob man den Kuhmist von der Nachbarschaft oder ob man ihn aus der eigenen Landwirtschaft entnimmt? Wie gesagt, die Dinge können nicht in dieser Weise streng durchgeführt werden, aber man muß doch einen Begriff haben von dem notwendigen Geschlossensein einer Landwirtschaft, wenn man eigentlich die Dinge sachgemäß ordnen will.«(2, 42 f.)

Es kommt Steiner darauf an, daß die Mittel für die Produktion der Landwirtschaft aus den lebendigen Verhältnissen desselben Standortes stammen, von ihnen geprägt und belebt sind, in denen sie angewendet werden, d. h. *aus dem Lebenszusammenhang des Organismus höherer Art selbst.* Dadurch wirken sie nicht als Fremdkörper, die erst belebt werden müssen und dabei gewissermaßen Lebenskräfte beanspruchen, sondern sie verbleiben innerhalb des Organismus, aus dem sie stammen, wie es physiologisch normal ist.

Rudolf Steiner konkretisiert das, was er im ersten Vortrag dargestellt hat, auf die einzelne Landwirtschaft im Sinne einer vertikalen Ordnung des Kräftewirkens und vergleicht dies mit der menschlichen Organisation, die im Sinne dieser Gliederung gegenüber der Landwirtschaft oder dem ökologischen Naturorganismus in umgekehrter Richtung ätherisch strukturiert ist.

Ein wichtiger Unterschied zwischen Einzelorganismus und Lebensgemeinschaft besteht natürlich in der Vielfalt der Individuen im zweiten Fall und damit in einer unüberschaubaren Komplexität auf der Ebene der Gene. Obwohl es sicher so etwas wie eine gegenseitige Anpassung auch bei den Genomen unterschiedlicher Arten gibt, wird aus dem Dargestellten wohl deutlich, daß Steiners Schilderungen nicht mit den Genen zu tun haben, sondern mit dem, was sich der Gene bedient.

Man muß berücksichtigen, daß die damals neue Lehre der üblichen Landwirtschaft, die Landwirtschaft gedeihe nur durch Hinzufügen der leicht pflanzenverfügbar gemachten Mineraldünger, mit Nachdruck in das Bewußtsein der Bauern und der Öffentlichkeit gebracht wurde. Auf allen Ebenen der Ausbildung hatte sich die Lehre durchgesetzt, eine Landwirtschaft könne nur aus der Einfuhr der Mineralstoffe gefördert und existent erhalten werden. So erschien Steiners Darstellung als eine entschiedene Antithese dazu. Das war aber nicht sein Ziel. Zweifellos wollte er nach der geistigen Seite *ergänzen*, das Verständnis erweitern und vertiefen und nicht einfach widersprechen (siehe seinen schriftlichen Bericht).

Es lohnt sich, die genaue Ausdrucksweise zu verfolgen, z. B. »Eine Landwirtschaft erfüllt ihr Wesen im besten Sinn, wenn sie aufgefaßt werden kann ... «, »Eine Landwirtschaft müßte sich nähern - ganz kann das nicht erreicht werden ...«, »... Es sollte die Möglichkeit herbeigeführt werden ...« oder »Wie gesagt, die Dinge können nicht in dieser Weise streng durchgeführt werden, aber man muß doch einen Begriff haben ...«. So ist es sehr deutlich, daß es Rudolf Steiner um die *Verständnisbemühung* der Zuhörer geht, damit er das folgende entwickeln kann und nicht um irgendwelche absolut zu verstehende Vorschriften. Später sagt er es noch deutlicher: »Durch eine sachliche Betrachtung in geisteswissenschaftlichem Sinne wird man niemals Fanatiker«[58].

Inzwischen gibt es eine reichhaltige Literatur über das Leben im Boden. Ohne Lebewesen gibt es an der Oberfläche der Erde durch die physischen Einflüsse der Witterung Zerklüftung und Auflösung der Gesteine (Verwitterung), Abtragung (Erosion) und Ablagerung (Sedimentation) insbesondere in Senken, Tälern und im Meer. Erst dadurch, daß Pflanzen die Gesteinstrümmer festhalten, daß aufgrund der pflanzlichen Substanzen ein reichhaltiges Leben im Wurzelbereich entsteht (Bakterien, Pilze, Protozoen, Gliedertiere, Würmer u. a.), wird dasjenige gebildet, das wir Boden nennen, der mit Humus durchzogen wird. Der Boden entsteht erst durch die Tätigkeit der Lebewesen und wird nur durch sie erhalten. Ihre Stoffwechselaktivität bildet nicht nur den Humus, sondern den Boden überhaupt, sein Gefüge, seine gesetzmäßige, dynamische, vertikale Ordnung.

Diese Kenntnisse haben zu der Lehre der vielfältigen Boden*typen* geführt. Quelle dieses Lebens ist immer die Pflanze, die am Sonnenlicht assimiliert und einen Teil der in den Blättern neugebildeten organischen Substanz in die fortlaufende Neubildung von Wurzeln schickt. Diese sterben an ihrer Oberfläche und schließlich auch vollständig ab. Wurzelhaube und Wurzelhaare werden ständig neu gebildet und zerfallen schleimig. Wurzeln scheiden organische Säuren aus. Um die einzelne lebende Wurzel herum ist daher ein viel reicheres Leben als in nicht durchwurzelten Bodenteilen. Die von der organischen Substanz ernährten Mikroorganismen beteiligen sich an der Auflösung der bodenständigen Mineralien und liefern die mineralischen und organischen Substanzen, welche die Pflanzen für ihr Wachstum benötigen. Die

---

58 8., 203.

Summe der Längen aller Wurzeln einer einzeln wachsenden, etwa vier Monate alten, alleinstehenden Roggenpflanze beträgt, einschließlich der Wurzelhaare nahezu 10 km, die gesamte Oberfläche 1000 m^2 [59]. Es ist also eine ganz sachgemäße Bezeichnung, den Boden ein *Organ* in dem Organismus höherer Ordnung zu nennen, das überall dort entsteht, wo sich die Erdoberfläche mit Pflanzen und Tieren belebt.

Aber dieses Bodenleben ist zehrend. Es ist abhängig von dem, was über der Erde in den grünen Pflanzenteilen am Licht entsteht. Es muß dauernd veratmen, verbrauchen. Es ist in diesem Sinne ein höchstens bewahrendes, letzten Endes doch sterbendes Leben, immer auf dem Wege Mineral zu werden und in dieser Beziehung vergleichbar mit dem menschlichen Kopf, besser gesagt dem Nerven-Sinnessystem, besonders dem Gehirn. Weil das Gehirn sein Ätherisches an die Bewußtseinsseite des Astralleibes abgibt, können sich seine Zellen nicht mehr teilen. Sie können nur noch zugrunde gehen. Aber sie werden von den Organen des Rumpfes am Leben erhalten. Kein anderes Organ ist so abhängig von der Sauerstoff- und Zuckerversorgung wie das Gehirn. Nach wenigen Minuten unterbrochener Blut- oder Sauerstoffzufuhr (Atemstillstand) gibt es die ersten nicht mehr heilbaren Schäden. Eine Gliedmaße kann dagegen gut ein bis zwei Stunden von der Blutversorgung getrennt sein. Wenn das Leben des Bodens auch nicht so schnell dem Zerfall ausgesetzt ist wie das Gehirn, so handelt es sich doch um vergleichbare Abhängigkeiten und Prozesse des Lebens. Steiner greift dies besonders im achten Vortrag wieder auf. Im Anschluß daran werden wir das Thema dort weiter besprechen.

---

[59] Mohr, Hans/Schopfer, Peter: 1992: Pflanzenphysiologie, 4. vollst. neubearb. und aktual. Aufl., Springer Verlag, Berlin

Bezüglich der »direkten Bestrahlung«[60] ist insbesondere an die Assimilation der grünen Pflanze am Licht zu denken. Sie entsteht durch die direkte Wirkung des Sonnenlichtes, das zu einer Auflösung eines Teils des Wassers in den lebendigen grünen Zellen führt, zur Einatmung von Kohlendioxyd und Ausatmung von Sauerstoff, zum Aufbau von Stärke und Zucker, die in den Blättern zunächst angereichert werden. Boden und Pflanze erwärmen sich jedoch auch an der Sonnenbestrahlung und an ihnen die bodennahe Luftschicht. Wasser aus der Tiefe der Böden verdunstet, nach Aufsaugung durch die Pflanzen aus den Blättern. In diese Dampfbildung hinein verschwindet ein wesentlicher Teil der eingestrahlten Sonnenwärme. Das trägt wesentlich zu ausgeglichenen und damit lebensgemäßen Temperaturen an der Erdoberfläche bei. Es handelt sich um »eine ganz lebendige Wechselwirkung von über der Erde und unter der Erde«.

Diese Grenzschicht des Oberbodens zur Atmosphäre wird von Steiner mit dem Zwerchfell verglichen. Das Zwerchfell ist bei Mensch und Säugetieren eine muskulös-sehnige Trennschicht zwischen dem Brustraum und der Bauchhöhle. Es ist ein nahezu vollständiger Abschluß. Hindurch gehen nur die beiden großen Blutgefäße: die Aorta, deren Blut vom Herzen und der Lunge kommt und die große Bauchvene, deren Blut zum Herzen und zur Lunge zurückfließt sowie die Speiseröhre (Ösophagus), die die Nahrung von der Mundhöhle unverändert durch den Brustraum in den Magen, d. h. in die Bauchhöhlenorgane befördert. Das Rückenmark bleibt außerhalb und nahezu unbeeinflußt. Durch diese Pfade für Nahrung, Blut und Nervenimpulse findet ein geregelter lebhafter Austausch zwischen oben und unten statt, die ansonsten voneinander streng getrennt sind.

---

60 2., 46.

Wenn sich die Zwerchfellmuskulatur zusammenzieht, wird die nach oben gewölbte Decke der Bauchhöhle nach unten gezogen. Der Brustraum erweitert sich, die Lunge dehnt sich dabei aus und es erfolgt die Einatmung. Die Bauchorgane weichen aus. Die Ausatmung erfolgt entweder passiv durch die sich zusammenziehende elastische Lunge oder zusätzlich durch die Presse der Bauchmuskulatur, welche die Organe gegen das Zwerchfell drückt. Eine derartige Bewegungsaktivität gibt es beim Boden nicht. Aber die Schwankungen der Wärme mit dem Tagesrhythmus, die Luftdruckschwankungen des Wetters, die nahezu völlige Luftentleerung bei Wassersättigung und das hörbare Wiedereinziehen der Luft durch das Absinken der Wassersäulen in den Grobporen des Bodens sind vergleichbare Prozesse. Das Zwerchfell und seine Funktion ist also lediglich ein *Bild* für das Geschehen an der Oberfläche der Erde, kein Abbild. Es kommt darauf an, die Vergleichspunkte möglichst deutlich zu sehen, sich zu Fragen anregen zu lassen und das Bild nicht über diese hinaus zu strapazieren. Man kann dagegen einwenden, daß es sich um eine wirkliche Entsprechung handelt. Dann muß man aber berücksichtigen, daß der Mensch im Verhältnis zum pflanzentragenden Standort insofern um wirkliche zwei Stufen höher steht als in ihm ein individueller Astralleib und ein individuelles Ich in der leiblichen Organisation tätig, auf dem physischen Plan inkarniert sind. Das ist bei den Pflanzen nicht der Fall und bedingt wirklich große Unterschiede, nicht nur die Umkehrung der Richtung. Deshalb sagt Steiner dazu: »... es ist nicht ganz genau gesprochen, sondern soll es nur verdeutlichen und genügt dazu ...«[61] Unten werden wir bezüglich des Ätherleibes der Tiere anläßlich der Schilderung am Ende des zweiten Vortrags noch darauf zurückkommen.

---

61 2., 44.

Hier sei eingefügt, daß Steiner im 2. Vortrag immer wieder vom Pflanzen*wachstum* spricht.[62] Denn im 6. Vortrag kommt er auf diese vertikale Gliederung wieder zu sprechen, aber unter dem Aspekt, wie man Keimen und Wachstum verhindern kann. Dort erwähnt er diese Kräfteordnung in umgekehrter Richtung.[63] Der Jahreslauf und das Stadium der Pflanzenentwicklung verwandeln das Verhältnis zum Kosmos. Wir werden das Thema bei der Besprechung des 6. Vortrags wieder aufgreifen.

Kieseliges und Kalkiges: Man kann für die Mengen, die man braucht, fast überall auf die Wirkung des Kiesels rechnen (2, 47). Nicht damit rechnen kann man z. B. beim Hochmoor, einem extremen Ausnahmefall, das pflanzenbaulich sehr positiv auf Sand- oder Kieszumischung reagiert. Das gilt nicht in gleicher Weise, wie leider viele Beispiele zeigen, für die Seite des Kalkes und der „kalkigen" Stoffe, wie Kalzium, Magnesium, Kalium, Natrium. Wie sich das verhält, muß man *örtlich prüfen* und im Laufe der Jahre kontrollieren!

»Denn der Kopf muß versorgt werden aus dem Kosmos« (2, 47). Das gilt ausgesprochen für die Kräfte und nicht für die Stoffe.[64]

Es folgt der Sonderfall der Samenbildung, die ganz durch die kosmischen Kräfte erfolgt. Das ist dadurch möglich, daß die Samenanlage, verlassen von den sie bis dahin bildenden Kräften, in einen Zustand hoher Empfänglichkeit gebracht wird, den Steiner Chaos nennt. Durch die Aussaat kommt es dann zu einer Wieder-

---

62 2., 45/46.
63 6., 150 ff.
64 Viele Darstellungen Steiners in diesem Sinne. 8., 197/198. Schlüsseldarstellung in Penmaenmawr, 23.8.23, GA 227. Steiner beruft sich ausdrücklich auf diese in Dornach am 20.6.24, LK 0.; 22. Eine ganz entsprechende Darstellung gibt er in den Mitgliedervorträgen in Dornach 'Der Mensch als Zusammenklang'. 3.Vortr., 21.10.1923. GA 230. Was in den angeführten Stellen als kosmische oder geistige Substanz geschildert wird, wird immer ausdrücklich für den Menschen und die höheren Tiere beschrieben. Für eine Übertragung dieser Verhältnisse auf die Pflanzen in der landwirtschaftlichen Individualität gibt es keinen Hinweis. Diese Folgerung ist daher irreführend. Schon bei den Vögeln spielt es keine Rolle (GA 230).

annäherung des keimenden Samens an das Irdische durch den Humus. Mehr dazu am Ende der Besprechung des 3. Vortrags.

Schließlich schildert Steiner die ganz entsprechende Gliederung der Lebenskräfte im Organismus des Säugetiers und erwähnt, daß man eine Wissenschaft entwickeln müsse für das richtige Tierartenverhältnis zu einer Landwirtschaft, weil die Tiere unbedingt hinzuzurechnen seien. Diese von den unmittelbaren Wirkungen der Erde und des Kosmos relativ emanzipierten Wesen spielen also eine wichtige Rolle im Organismus der Landwirtschaft, wie es besonders ab dem vierten Vortrag noch ausgeführt wird. Dies ist in vollem Einklang mit der landwirtschaftlichen Erfahrung. Dadurch wird innerhalb der Landwirtschaft selbst nicht nur ein Kreislauf von sogenannten Nährstoffen verhältnismäßig geschlossen, sondern es entsteht durch die Ausscheidungen der Tiere, d. h. durch den besonderen Stoffwechsel der an den Standort angepaßten Tiere eine Aktivierung, eine betriebsspezifische Kräftesteigerung im Boden.[65]

Sie beruht darauf, daß im Tier, in den Prozessen seiner inneren Organe, der Astralleib mit dem Ätherleib fest verbunden ist. Was im Tier sich an Stoffwechselprozessen und Gestaltbildung abspielt, ist in erster Linie von seinem Astralleib bestimmt. Er ist die Ursache der Emanzipation. Bei der Pflanze ist das nicht in gleicher Weise der Fall. Bei ihr wirkt der Astralleib nur wie von außen, begrenzend und die Metamorphose bewirkend.[66] Der inkarnierte Astralleib bedingt, daß das Tier sich weniger an die Lebensverhältnisse unmittelbar anpaßt, sondern mittelbar, in dem

---

65 S. oben Ausführungen zum 7. Vortrag.
66 S. z. B. Zeichnung 8., 202.

es diese in sich überwindet, wenn es sich Äußeres wie Nahrung, Luft und Wärme aneignet.[67]
Im Gegensatz dazu ist die übliche moderne Betrachtungsweise der Landwirtschaft gerade dadurch charakterisiert, daß man die Produktionsmittel einführt und bestrebt ist, sie unmittelbar in den Stoffwechsel der Kulturpflanzen oder den der Haustiere zum Zwecke der Ertragssteigerung einfließen zu lassen. Man ist oder war wenigstens jahrzehntelang überzeugt, daß es keinen anderen Weg gibt. Der Aspekt ist auf die Stoffe begrenzt. Hier dagegen wird die Landwirtschaft als ein biologisches, ein wirklich lebendiges System betrachtet, dessen Produktionsfähigkeit aus konkreten Lebenskräften hervorgeht, die aus übersinnlicher Beobachtung als mit dem Kosmos zusammenhängend beschrieben werden. Leistung und Leistungsfähigkeit für die Zukunft gehen aus vielfältiger Tätigkeit von Lebewesen hervor, die aufeinander zugeordnet werden. Daß die Landwirtschaft Raubbau betreiben muß, in dem sie ihre Produkte verkauft und daß der Raubbau ausgeglichen werden muß, bestätigt Rudolf Steiner am Anfang des 5. Vortrags ausdrücklich[68] und ist Bestandteil des Konzeptes.

Als *Heilmittel*[69] für eine Landwirtschaft kann man z. B. ein Mittel verstehen, welches ein geschädigtes biologisches System im Sinne seiner Gesundheit, also seiner Selbsterhaltung, wiederherstellt oder dauerhaft verbessert, aber auch ein Mittel, welches die biologischen Prozesse, die zur Ertragsbildung führen, aktiviert oder die Bedingungen der Ertragsbildung verbessert, ohne daß es dabei zu einer zunehmenden Abhängigkeit von dem eingeführten

---

67 S. dazu auch die Bemerkungen Steiners in der Aussprache z. 8. Vortrag, 223/224. Die Zeichung S. 224 ist aber falsch. Das rechte Bild mit dem das tote Holz kennzeichnenden Quadrat müßte von den Strichen, welche die äußere Wärme charakterisieren, ganz durchdrungen sein. Siehe Text und farbige Originalzeichnung!
68 5., 120. Der 5. Vortrag beschäftigt sich mit dem Ausgleich des Raubbaus an Lebenskräften.
69 2., 42.

Mittel kommt. Das wären also Mittel, welche die *selbständige Gesundheit und Leistung der Landwirtschaft* fördern. Das hat immer damit zu tun, daß, philosophisch formuliert, Wesen und Erscheinung enger verbunden werden, daß die geistige Realität der Wesensglieder den physischen Leib intensiver ergreift und bestimmt. Der ganze Kurs zeigt allerdings, daß dies so einfach formulierte Verhältnis eine komplexe Angelegenheit ist.

Am Ende des Vortrags schildert Steiner die planetarische Gliederung des Ätherleibes auch im höheren Tier. Einmal heißt es da, wir haben die Sonnenwirkung *im* Herzen (2, 60). Wenig später wird gesagt, daß die Sonnenwirkung *bis* zum Herzen ginge, *vor* dem Herzen zurückbleibe (2, 62). Das ist zunächst ein wirklicher Widerspruch. Beides kann nicht richtig sein, es sei denn, es handele sich um unterschiedliche Arten von Sonnenwirkungen. Prüft man diese Möglichkeit, so bestätigt sie sich in folgender Weise:
Im Ätherleib der höheren Tiere, z. B. der Säugetiere, ist die planetarische Gliederung natürlich horizontal geordnet zu denken, auf dem halben Wege der Umkehr von der Pflanze zum Menschen stehengeblieben. (Die außerordentliche Artenvielfalt ist dabei zu bedenken. Pauschale Urteile sind immer nur mit Einschränkung möglich). Es besteht aber ein tiefgreifender Unterschied zwischen dem Ätherleibe einerseits von Pflanzen und andererseits dem von Tieren und Menschen. Beim Tier ist er, ähnlich wie beim Menschen, gegenüber dem Kosmos selbständig geworden. Das hängt damit zusammen, daß der Astralleib bei Mensch und Tier mit dem Ätherleib eine Einheit bildet und diese mit dem physischen Leib verbunden sind. Dadurch entstehen die Gastrulation bei niederen Tieren, die abgesonderten Leibeshöhlen der Tierorganismen, Schädelhöhle, Brust- und Bauchhöhle mit ihren inneren Organen, welche die Pflanze nicht besitzt. Darauf beruhen die Formen der Tiere sowie die oben beschriebene Emanzipation gegenüber der äußeren Welt. *Der Astralleib wirkt*

im Inneren des Organismus. Er ist die Ursache für Sinneserleben, für Empfindsamkeit, Begehren und Angst, für aktive Fortbewegung. Bei der Pflanze dagegen wirkt der Astralleib nur von außen.[70] Die inneren Organe mit ihren planetarisch gegliederten Funktionen sind bei Tier und Mensch an die Stelle der äußeren Planetenwirkungen getreten.[71] Die Sonnenwirkung ist *im* Herzen (2, 60). Diese Darstellung entspricht vielen anderen, früheren Ausführungen Steiners.[72]

Dann setzt Steiner noch einmal neu an mit der Betonung der Wichtigkeit der Formbetrachtung (2, 60 unten). Diese Betrachtung der Formen zielt auf die Bedeutung der Tiere und ihrer Ausscheidungen für die Pflanzen des gleichen Standortes am Ende des Vortrags. Jetzt geht es um die *aktuelle* Sonnen- und Mond*bestrahlung* von außen, besonders während der Embryonalentwicklung der Tiere, die ihren Astralleib und Ätherleib schon besitzen. Das Tier erhält seine Gestalt durch seinen Astralleib, der den Ätherleib regiert. Sonnen- und Mondbestrahlung *modifizieren* lediglich die Ausbildung der Tiergestalt. Natürlich ist hier nicht das sichtbare Licht gemeint. Das erreicht den Embryo nicht. Kurz vorher hatte Steiner ausgeführt (2, 59), daß die Menschen nicht wüßten, wie sich das Licht im Innern der Erde benimmt. Auch da geht es nicht um das sichtbare Licht.[73] *Diese* Sonnenwirkung von außen bleibt *vor* dem Herzen zurück (2, 62), in welchem die emanzipierten, eigenständigen Sonnenkräfte wirksam sind. Die aktuelle Sonnenbestrahlung wird innerlich aufgenommen von der

---

70 z. B. 3., 73.
71 Steiner, R., 1925: Grundlegendes für eine Erweiterung der Heilkunst. Kap.3-4. GA 27.
72 S. Anm. 46.
73 Man könnte annehmen, daß es sich um den Lichtäther handelt. Es gibt aber Darstellungen Steiners, in denen er das Licht als sinnlichen Repräsentanten der *vier* Ätherarten beschreibt und mit dem Äther die Astralität, ja geistige Wirkungen der Sonne einstrahlen. Konzentriert dargestellt im Leitsatzbrief „Der Mensch in seiner makrokosmischen Wesenheit". GA 26.

Tätigkeit von Mars, Jupiter, Saturn im Ätherleib des Tieres, nicht jedoch von der eigenen Sonnenkraft. Weil Saturn, Jupiter und Mars im vorderen Ätherleib wirksam sind, wirkt die aktuelle Sonnenbestrahlung auf das Vordere des Tieres. Hinter dem Herzen, gegen den Schwanz zu, wirken Venus und Merkur und Mond. Die Monden*bestrahlung* von außen wird unterstützt durch Venus und Merkur im Inneren. Wie beim Herzen die eigenständigen Sonnenwirkungen werden hier die emanzipierten, eigenen Mondenwirkungen nicht genannt als Unterstützer der Mondbestrahlung.

Diese zweite Schilderung betrifft also die Wirkung der aktuellen ätherischen und wohl auch der astralischen Sonnen- und Mondbestrahlung von außen auf den *Ätherleib* und *Astralleib* des Tieres, besonders während der Embryonalentwicklung.[74] Der Ätherleib modifiziert dann die entstehenden Formen des physischen Leibes. Wie sich ein Tier diesen ätherischen Einstrahlungen exponiert, hängt auch von den Standortverhältnissen ab. Das ist ein Grund für eine standortbezogene Variation der Formgebung des Tieres. Diese ist eine Reaktion der Organisation des Tieres auf die örtliche ätherisch-astralische Sonnen- und Mondbestrahlung, besonders während der Embryonalentwicklung.[75],[76]

---

74 S. dazu auch Brief aus den „Anthroposophischen Leitsätzen": „Der Mensch in seiner Makrokosmischen Wesenheit." GA 26.
75 Sogesehen ist der Hinweis auf die Zeichnung S. 61 im Abschnitt 34 nicht glücklich, weil sie den Leser zu der Auffassung verführt, die Zeichnung bezöge sich auf die erste Schilderung. Das ist aber ganz sicher nicht der Fall. Unter dieser Voraussetzung blieben die scheinbar widersprechenden Darstellungen unverständlich.
76 Diese Ausführungen Steiners sind in Zusammenhang zu sehen mit denen am Ende des 7. Vortrags, einsetzend 190.

3. Vortrag
Die Elemente des Eiweißes als Träger der Kräfte des Lebens

Der dritte Vortrag steht ganz unter dem Zeichen der organischen Stoffe. Gemeint sind die Stoffe, die in lebendigen Organismen entstehen. In ihnen werden die chemischen Elemente Träger des Geistes. Damit wird einerseits an die Chemie angeknüpft, die im Laufe der beiden vergangenen Jahrhunderte die chemischen Elemente in einer langen Kette von analytischen Arbeiten vieler Chemiker herausgeschält hatte. Ohne diese Arbeit bestünde gar nicht die Möglichkeit, von Stickstoff, Sauerstoff, Wasserstoff usw. zu sprechen. Rudolf Steiner setzt die naturwissenschaftliche Kenntnis dieser Stoffe voraus.

Wir haben oben bemerkt, daß Welterkenntnis, Freiheit und Verantwortung die *geistige* Bestimmbarkeit des menschlichen Organismus voraussetzen. Am Beispiel der Genetik und der Differenzierung der Organe und Funktionen haben wir uns bewußt gemacht, daß die Genetik nur als Instrument des Organismus als einem Ganzen und Einheitlichen zu denken ist. Das gilt für jeden lebendigen Organismus, nicht nur für den Menschen. Dieses Ganze kann aber nur übersinnlicher Natur sein. Es ist jene Realität, die in unserem Bewußtsein als Begriff des Organismus gegenwärtig ist. Schließlich haben wir die Begriffe kennengelernt, die Rudolf Steiner aus seiner übersinnlichen Beobachtung als geistig reale Gebilde beschreibt und *Wesensglieder* nennt. Wir haben etwas davon kennengelernt, was diese Wesensglieder bewirken. Hier, im dritten Vortrag, wird beschrieben, *wie* dieses

Eingreifen erfolgt, in dem sich die Wesensglieder der chemischen Elemente bedienen.

Die chemischen Elemente verhalten sich im lebendigen Organismus anders als außerhalb, obwohl sie ihren Charakter bewahren. Jedes tritt nur in spezifischer Weise in Zusammenhang mit anderen, aber sie führen zu Verbindungen, die nur im Organismus entstehen. Das Umgekehrte gilt hier auch: wenn wir das Verhalten der Elemente in lebendigen Organismen nicht kennen, fehlen uns wichtige Seiten des Charakters dieser Stoffe. Wenn wir heute viele organische Verbindungen künstlich herstellen können, so unter Bedingungen, die erheblich anders sind als im Lebewesen. Allermeist ist der künstliche Aufwand ganz bedeutend viel größer. Das ist kein Argument gegen die Leistungen der synthetischen organischen Chemie, sondern nur gegen die Auffassung, daß damit Fragen beantwortet würden, die das Leben betreffen. Im Organismus ist das Stoffgeschehen weitgehend durch Fermente gesteuert, die selbst wieder Eiweißstoffe, d. h. Ergebnisse der Lebenstätigkeit des Organismus sind. Das Entstehen der Fermente wird auf die Gene zurückgeführt. Wer oder was mobilisiert die Gene, zur gleichen Zeit im selben Organismus an verschiedenen Stellen höchst unterschiedlich, und das so, daß daraus immer das Ganze erhalten bleibt und sich entwickelt?

Rudolf Steiner beschreibt die Vorgänge, beobachtet von der geistigen Seite. Im lebendigen Eiweiß, in seinem Zustandekommen, wirken bereits alle vier Wesensglieder (physischer Leib, Ätherleib, Astralleib und Ich).

Der dritte Vortrag ist dadurch eine Art Grundlegung einer spirituellen Chemie, insbesondere einer spirituellen Chemie des Lebens. Das Denken hat auch hier die Möglichkeit, das aus übersinnlicher Erfahrung Geschilderte zu erfassen und verstehen zu lernen, wenn sich der Denkende entsprechend darum bemüht.

Bei der Einführung des Sauerstoffs in die Betrachtung formuliert Steiner das Grundanliegen:

»Das ist ja das Eigentümliche bei allem, was wir auf der Erde haben, daß das Geistige immer physische Träger haben muß. Die Materialisten nehmen dann nur die physischen Träger und vergessen das Geistige. Sie haben immer recht, weil ja das Nächste, was uns entgegentritt, der physische Träger ist. Aber sie lassen eben durchaus außer acht, daß Geistiges überall einen physischen Träger haben muß.«

Für den Unterricht in Chemie kommt es darauf an, daß der Lernende die tatsächlichen Erscheinungen deutlich beobachtet und sich erinnern kann und daß diese nicht schnell mit den Vorstellungen chemischer Formeln zugedeckt werden, die niemand wahrnimmt, aber doch so im Bewußtsein leben, als wären es Wahrnehmungen. Bei jedem chemischen Element muß zusammengeschaut werden, was es im Experimentieren nacheinander mit anderen Elementen tatsächlich zur Erscheinung bringt, in dem es sich mit ihnen verbindet. Bei einer chemischen Reaktion ändern sich alle Erscheinungen; die einen verschwinden, andere tauchen dafür auf. Nur das Gesamt*gewicht* bleibt. Welche Veränderungen erzeugt z. B. der Stickstoff, in dem er sich mit anderen Elementen verbindet? Unter solchen Voraussetzungen besteht durchaus die Möglichkeit, daß das einzelne chemische Element wie ein Wesen mit bestimmten Intentionen im Bewußtsein deutlich wird. Man muß durch die Chemie kennenlernen, was ein Element alles mit anderen Elementen macht. Man muß das einzelne Element als Typus erfassen.[77] In dieser Weise charakterisiert Steiner die Elemente des Eiweißes bildlich als „Kerle", die

---

[77] Die Kenner von Steiners „Grundlinien einer Erkenntnistheorie" werden sich vielleicht über eine solche Aufforderung wundern. Sie ist aber ernst gemeint, auch im Sinne der dort verwendeten Goetheschen Terminologie.

sich mit ihren spezifischen Eigenschaften in den höheren Dienst lebendiger Organismen stellen lassen. Das ist nur dadurch möglich, daß sie selbst nicht lebendig, d. h. mineralisch sind.
So wird beispielsweise der Kohlenstoff für *alle* Lebewesen der Träger für *deren* physische Gestaltung. In ihm steht gewissermaßen die Fülle seiner Möglichkeiten den art- und exemplargemäßen Strukturbedürfnissen zur Verfügung. D. h. er dient den aktuellen biologischen Erfordernissen. Wenn wir irgendeinen Organismus, eine Pflanze oder einen Pflanzenteil unter Luftabschluß erhitzen, dann verkohlt er, wird schwarz. Die Gestalt bleibt dabei in sehr feiner Weise erhalten. Das Gewicht nimmt ab; auch wenn der Pflanzenteil zu Beginn schon scharf getrocknet war, meist auf wenig mehr als die Hälfte. Die gebliebene Gestalt ist fast ganz unelastisch geworden. Wenn man sie fallen läßt, klingt sie metallisch. Stickstoff, Sauerstoff, Schwefel und Wasserstoff sind weitgehend in Gasform entwichen, übrig geblieben ist fast nur der Kohlenstoff und die nichtflüchtigen Mineralbestandteile. Sie werden als Asche sichtbar, wenn man die Kohle verbrennt. Welche Pflanze wir auch immer genommen haben, es bleibt *deren* Gestalt bestehen, also nicht eine einheitliche Kohlenstoffgestalt, wohl aber der „schwarze Kerl", der für die Ausbildung der unterschiedlichsten Gestalten wie Baumaterial benutzt wird.
Mit diesem Ausdruck ist *nicht* gemeint, daß es sich bei den Stoffen selbst ohne dieses Ergriffensein schon um Seelisches oder schon Lebendiges handele. In dem wir aber Erfahrungen aus dem Seelischen *als Bilder* (der schwarze Kerl) verwenden, kommen wir dem näher, was wirklich vorliegt, und die Inhalte werden für unser Bewußtsein lebendig, haben uns etwas zu sagen . Ein Bild ist in dem hier gemeinten Sinne eine frei gewählte, bekannte und durchschaubare Erscheinung, die vergleichsweise angeführt wird, von der wir wissen, daß sie nicht das Wesen selbst ist, sondern eben nur Bild für bestimmte Eigenschaften von ihm. Das Photo

eines Menschen werden wir nicht mit dem Menschen selbst verwechseln. Im Bild kann man oft besser zum Ausdruck bringen, was man meint als in reinen Gedanken. Dabei handelt es sich um eine Form der Schilderung, nicht um Analogieschlüsse.
Bilder sind Hinweise, nicht Beweise. *Nicht weil* es beim Menschen so und so ist, ist es bei Pflanzen oder Stoffen auch so, sondern umgekehrt: Auf das, was mitgeteilt werden soll, lernt man am besten dadurch zu blicken, daß man von einem bekannten, durchschaubaren Bild ausgeht, das Vergleichbares enthält. Das setzt voraus, daß der andere in der Lage und willens ist, den Vergleichspunkt zu suchen und sich auf ihn und nur auf ihn einzulassen.
»Der Kohlenstoff ist nämlich der Träger aller Gestaltungsprozesse in der Natur. Was auch gestaltet werden mag, ob die verhältnismäßig kurz bleibende Gestalt der Pflanze, ob die im ewigem Wechsel begriffene Gestalt des tierischen Organismus ins Auge gefaßt wird, der Kohlenstoff ist da der große Plastiker, der nicht bloß seine schwarze Substantialität in sich trägt, sondern der, wenn er in voller Tätigkeit, in innerer Beweglichkeit ist, die gestaltenden Weltenbilder, die großen Weltenimaginationen überall in sich trägt, aus denen alles dasjenige, was in der Natur gestaltet wird, eben hervorgehen muß...«
Zu dem Kohlenstoff, der die geistigen Gestaltungskräfte des lebendigen Organismus aufnimmt, die ihn ergriffen haben, tritt der Sauerstoff als belebendes, in Bewegung haltendes Element durch das Ätherische.
Mit diesen Zeilen ist die Bedeutung der Stoffe als notwendige Voraussetzung für das Lebensgeschehen angedeutet. Eine Konsequenz dieser Darstellung ist, daß es für den Landwirt darauf ankommt, mit Stoffen so umzugehen, daß sie in der rechten Art Träger des Geistes werden. Das heißt also, es geht nicht mit Stoffen allein, aber auch nicht ohne entsprechende Stoffe.

Das ist eine wichtige Ergänzung zum zweiten Vortrag, denn es kann durchaus sinnvoll sein, Stoffe in die landwirtschaftliche Individualität einzuführen, damit entsprechende Kräfte zur Wirksamkeit oder verstärkter Wirksamkeit kommen können. Das ist dann eine Frage, wie man das am besten macht. Denn es gibt auch die Möglichkeit, daß reine Stoffwirkungen an die Stelle von Lebenstätigkeit treten oder technisch-industrielle Stoffbildungsprozesse an die Stelle biologischer Bildung und Ordnung. Geschieht das im Zusammenhang des Lebens, wird es früher oder später pathologisch. Die übliche Landwirtschaft macht das in immer breiterem Umfang. Sie verwendet z. B. mineralischen Stickstoff, der in der Fabrik mit hohem Druck und hoher Temperatur und mit einem anorganischen Katalysator mit Wasserstoff verbunden und dadurch wirksam gemacht wurde. Hunderte von Wirkstoffen sind für die Anwendung in der Landwirtschaft zugelassen.

Zusammengefaßt werden folgende Beziehungen geschildert:

Schwefel: Träger des Geistigen. Der Stoff, »mit dem sich der Geist die Finger benetzt«, wenn er im Irdischen wirksam wird.

Kohlenstoff: Der physische Gestalter, in dem das höchste auf Erden uns zugängliche Geistige seine Wirksamkeit zeigt, das menschliche Ich oder das in den Pflanzen wirkende Weltengeistige.

Sauerstoff: Träger der Lebenswirkungen im Physischen.

Stickstoff: Träger des Astralischen, einer geheimnisvollen Empfindlichkeit, die über das ganze Erdenleben ausgegossen ist.

Wasserstoff: Er trägt alles dasjenige, was irgendwie gestaltetes, belebtes Astralisches ist, wieder in die Weiten des Weltenalls hinauf. Er löst eigentlich alles auf.

Aus diesen Stoffen bilden die Lebewesen die eigentliche organische Substanz. Rudolf Steiner schildert aber sehr deutlich, daß die Stoffe nicht nur innerhalb des Organismus gemeint sind, sondern auch vereinzelt, unbelebt in der Umwelt. Auch dort können sie Träger der genannten Kräfte sein, jedoch in anderer Art. So ist der tote Stickstoff in der uns umgebenden Luft der Träger und Vermittler vieler Empfindungen des Seelisch-Geistigen, das als Intuition bei denjenigen auftreten kann, die sich dafür empfänglich gemacht haben.

Auch in diesem Zusammenhang, also dem von Stoffen und Kräften, muß offensichtlich gelernt werden, in Polaritäten zu denken: Über der Erde und unter der Erde, belebt und nicht belebt. Schließlich muß das organische Leben in Zusammenhang mit den Mineralien gebracht werden, die im ersten und zweiten Vortrag geschildert wurden:

»Aber Kalk und Kiesel finden wir nun auch als die Grundlage des Pflanzenwachstums. Und wir müssen nun eine Erkenntnis entwickeln desjenigen, was da der Kohlenstoff im ganzen menschlichen Verdauungs-, Atmungs- und Zirkulationsprozeß entwickelt im Verhältnis zum Knochenbau und zum kieseligen Bau, desjenigen, was da drinnen vorgeht, was wir gewissermaßen sehen würden, wenn wir hineinkriechen könnten, und von dem Zirkulationsprozeß im Menschen uns zeigen lassen könnten, wie da ausstrahlt die Kohlenstoffgestaltung in das Kalkige und Kieselige. Diesen Blick müssen wir entfalten, wenn wir hinschauen über eine Erdfläche, die mit Pflanzen bedeckt ist und die unter sich Kalk und Kiesel hat.« (3, 79)

Von der Samenbildung

Im zweiten und dritten Vortrag geht Steiner auf das Kapitel der Samenbildung ein,[78] die in seiner Darstellung nicht leicht verständlich ist und hier noch etwas bedacht sei. Zunächst geht es ihm um die generelle Frage, wie der Kosmos auf das Irdische wirken kann, und die Samenbildung dient als Beispiel. Er geht im dritten Vortrag von einer Meinung aus, die er seinerzeit vorfand, daß die Samenbildung aus der weitergeführten Kompliziertheit des Eiweißes der Mutterpflanze erfolge und erklärt, daß diese Auffassung falsch sei. Die alte Pflanze führe die Stoffe in der Samenanlage auf eine hohe Stufe irdisch-lebendiger Kompliziertheit, die aber dann zu einer Auflösung der stofflichen Verbindungen gebracht wird. Die bis dahin bildenden, irdischen Kräfte werden aus der Samenanlage zurückgezogen und abgehalten. Dadurch wird diese Pflanzensubstanz für kosmische Kräfte prägbar. Diesen Zustand nennt er Chaos. Heute glaubt niemand mehr, die Fortpflanzung beruhe auf einer Überkompliziertheit der Samenanlage, weil die physischen Vorgänge durch die Genetik sehr viel besser geklärt sind. 1924 konnte man noch nicht mit der Genetik rechnen, wenn man nicht selbst an dieser Forschung beteiligt war, denn diese Wissenschaft war von der Morgan'schen Schule in den USA erst in ihren Anfängen entwickelt. Heute zeigt sie aber längst mit aller Deutlichkeit, daß jedes Lebewesen, das aus einer Befruchtung hervorgeht, wie der Same, etwas ganz Neues und nicht einfach die Fortsetzung des Alten ist. Diesbezüglich besteht also kein Widerspruch zu der Meinung aller heutigen Biologen. Bemerkenswert ist jedoch, daß Rudolf Steiner durch seine geisteswissenschaftliche Forschung zu diesem Ergebnis kam.

---

78 2., 51 ff und 3., 78.

Die Genetik ist selbstverständlich Naturwissenschaft, d. h. sie beruht auf dem sinnlich Erfahrbaren, und wie es sich erweitert durch das Mikroskop und aus der Molekularbiologie ergibt, wenn man mit den Lebewesen experimentiert. Ihre Ergebnisse haben ganz große Bedeutung für die Biologie, einschließlich der des Menschen. Das zeigt sich heute an den enormen Erfolgen der Gentechnik, die weit über das hinausgehen, was man sich noch vor wenigen Jahrzehnten hätte träumen lassen. Gerade weil die wissenschaftlichen Erfolge so bedeutend sind, hängen mit ihrer Anwendung auch erhebliche Gefahren zusammen, die jedoch nicht Gegenstand unserer Betrachtung sind. Die Gentechnik interessiert uns hier nur, soweit sie uns Erkenntnisse für die Genetik, d. h. das Verständnis des Lebens und der Fortpflanzung liefert. Sie entstammt durchaus dem Atomismus im Sinne Steiners, d. h. der Suche nach kleinsten stofflichen Teilchen als Träger der Vererbung. Solche sind in den Genen tatsächlich gefunden. Rudolf Steiner hat Ergebnisse seiner geistigen Forschung beschrieben, wie wir es am Anfang zitiert haben. Er will ergänzen, was an praktischen und wissenschaftlichen Erfahrungen da ist, nicht ersetzen. Gleichzeitig war er über die Ergebnisse der Naturwissenschaft seiner Zeit und ihrer Methoden sehr gut informiert und hat zu vielen Fragen Stellung genommen. Ganz besonders deutlich und wichtig sind seine zahlreichen Ausführungen bezüglich der Methoden der Naturwissenschaft, soweit sie das Bewußtsein des Wissenschaftlers betreffen.[79]

Anläßlich des hundertsten Geburtstages von Gregor Mendel am 22.7.1922 hat Steiner über die geistige Bestimmung der Form, des Wachstums und des Stoffwechsels bei Pflanze, Tier und Mensch gesprochen. So komme der Stoffwechsel von den Kräften der Erde, das Wachstum von den Planetenbewegungen, die Formen

---

79 GA 320 bis 326.

aber vom Fixsternhimmel. Er beschreibt dies als komplizierte Vorgänge, die schwer herauszufinden seien. Er hat Mendel zwar einen bedeutenden Forscher genannt, aber das, was dieser in der Mitte des vorigen Jahrhunderts als Vererbungsgesetze herausgearbeitet hatte als zum Atomismus gehörig dargestellt und dies als „die letzte Phase, die letzten Atemzüge des Intellektualismus" bezeichnet.[80] Zweifellos muß man die Suche nach kleinsten physischen Erbträgern zum Intellektualismus und Atomismus in dem von Steiner gemeinten Sinne rechnen. Das Hauptproblem des Atomismus und der Genetik liegt darin, daß sie für das Ganze gehalten werden. Man gewinnt aus Steiners Darstellung jedoch nicht den Eindruck, daß er die außerordentlich bedeutende Entwicklung der Genetik richtig vorausgesehen hätte. Wenn wir die Samenbildung begreifen wollen, können wir das heute jedoch nur in Verbindung *mit* der Genetik.

Eine andere Frage als die nach der Bedeutung Gregor Mendels und seiner Forschungsmethode ist, was Steiner zur Samenbildung aus eigener geisteswissenschaftlicher Forschung sagt und wie wir das verstehen können. Wir haben uns oben in den Ausführungen über den Organismus deutlich gemacht, daß die Genetik geradezu nach einer Ergänzung verlangt, durch welche die einzelne Zelle mit ihrem Genom so gesteuert wird, daß die Gene dieser Zelle im Dienste des Ganzen tätig werden. Denn in anderen Zellen, die alle über eine identische genetische Ausrüstung verfügen, muß im gleichen Augenblick anderes geschehen, wenn es im Dienste des Ganzen sein soll. Bei der Krebszelle ist diese Eigenschaft verlorengegangen.

Dieses Ganze ist, wie *jeder* andere Zusammenhang auch, für unsere Erkenntnis aber immer begrifflicher, ideeller Art. Das, was

---

80 Steiner, R., 22.Juli 1922: Menschenfragen und Weltenantworten. GA 213.

wir Wirklichkeit nennen, entsteht eben erst dadurch, daß die Wahrnehmungen durch die Begriffe ihre Bedeutung erhalten. Wir sind nur meist auf die Wahrnehmungen fixiert, benutzen ständig unser Denken, also unsere Begriffs- oder Ideenfähigkeit, ohne uns dessen hinreichend bewußt zu werden.

Die Kenntnisse der Genetik verlangen gerade nach einer Seite der Wirklichkeit, die wir mit Steiner als „waltende Weisheit"[81] bezeichnen können. Das wird bei Steiner noch weiter differenziert, z. B. im oben genannten Vortrag anläßlich des hundertsten Geburtstages von Gregor Mendel. Daraus ergibt sich die Frage, wie Geistiges und Materielles zusammenwirken können. Das ist im lebendigen Organismus immer der Fall, bei der Samenbildung jedoch in besonderer Weise. Die vegetative Pflanze wird bis zur Blüte wie an ein Ende geführt, an dem ein neuer höherer geistiger Einschlag erfolgt, welcher den Samen prägt. Und diese Prägbarkeit setzt voraus, daß die bisher tätigen Kräfte sich aus der Materie zurückziehen. Letztere wird dadurch aufnahmefähig für die Kräfte der kosmischen Seite. Diesen Zustand der Neu-Prägbarkeit nennt Steiner Chaos.

Weisheit wirkt nach seiner Darstellung zweifellos auch in dem, was er „irdisch" nennt, z. B. im Stoffwechsel der Mutterpflanze. Dann bereitet sich die Samenpflanze aber in der Blüte auf die Befruchtung vor. In komplizierten Vorgängen wird das Erbmaterial der Zellkerne innerhalb jeder Fortpflanzungszelle vermischt und dann halbiert (Schritte der Reifeteilung oder Meiose, das Genom wird haploid).[82] Das gilt für die Samenanlage und die Pollen in sehr ähnlicher Weise. In diesem haploiden Zustand sind die Fortpflanzungszellen bereit, sich mit einer komplementären,

---

81 z. B. in: Die Welt der Sinne und die Welt des Geistes, 1911/12. GA 134.
82 z. B. v. Denffer in: Strasburger, 1991: Lehrbuch der Botanik für Hochschulen. 33. neubearb. Auflage, Gustav Fischer Verlag, Stuttgart.

ebenfalls haploiden Zelle zu verschmelzen. Die Verschmelzung tritt im Anschluß an die Bestäubung der Blüte ein. Auf diese Weise entsteht eine befruchtete Eizelle und aus dieser eine wirklich neue Pflanze, die nicht einfach die Fortsetzung der Mutterpflanze ist. Unverschmolzene haploide Zellen vergehen, haben keine weitere Entwicklung. Das Eiweiß der Pflanze und damit ihre Enzyme werden nun durch die neu kombinierten Gene bestimmt. Das gilt für die Samenpflanzen, von denen bei Steiner die Rede ist. Soweit es bei niederen Pflanzen ein bißchen anders ist, ändert das doch nicht den hier besprochenen Aspekt. Die reife, befruchtungsfähige, haploide Zelle entspricht nach der hier vertretenen Auffassung also dem Chaoszustand nach Steiners Terminologie.

Auch beim Pollen der Windbestäuber handelt es sich um Zellen mit halbem, haploidem Chromosomensatz. Dieser Pollen erfüllt die Atmosphäre. Das ist bis 1 500 m über dem Erdboden nachgewiesen.[83] Es gibt aber wohl keinen Grund gegen die Annahme, daß der Pollen mit der sommerlichen Thermik bis an die Grenzen der Wetterschicht getragen wird, also in den gemäßigten Breiten bis etwa 10 000 m hoch. Ist *das* „Chaos im weitesten Umkreis der Welt"[84], „Zerfall in den Weltenstaub"[85]? Nach einem Juniregen zeigt jede Pfütze den gelben Rand aus Pollen. Die Zisterne, welche das Regenwasser des Daches sammelt, ist von einer dichten Schicht Pollen bedeckt. Von einer Auflösung der Verbindungen der Stoffe untereinander kann man dabei jedoch wohl kaum sprechen.

---

83 Ehrendorfer: Übersicht des Pflanzenreichs, in: Straßburger, 1983: Lehrbuch der Botanik, S. 768.
84 3., 78.
85 2., 52.

Steiner spricht vom Samen, der in den Weltenstaub zerfalle.[86] Doch ist der Same erst das Ergebnis des Vorganges. Denn in jedem Samen ist schon eine deutliche, kleine neue Pflanze enthalten. Hier kann es sich nur um die Samen*anlage* und den Pollen, d. h. um Organe der Blüte handeln, die zur Samen*bildung* führen.

Wir wollen nicht einfach behaupten, daß Steiner dies meinte, doch handelt es sich um reale Vorgänge, die wir mitdenken müssen, wenn wir die Wirklichkeit suchen. Das eine ist Sinneswelt und großenteils mikroskopische Sinneswelt. Steiner schildert dagegen aus übersinnlicher Beobachtung die Geistige Welt (im allgemeinen Sinne) und, wie er häufig sagt, in makroskopischer Betrachtung. Aber „Geist ist niemals ohne Materie, Materie niemals ohne Geist".[87] Die volle irdische Wirklichkeit enthält beide Seiten. Das durchzieht den ganzen Kurs und die ganze Anthroposophie. Unter den so miteinander verbundenen Aussagen können wir auch verstehen, daß »Chaos im Samen mit Chaos im weitesten Umkreis der Welt« zusammenwirken müssen, und daß daraus die wunderbar geordneten Strukturen eines Samens und nicht nur wieder Chaos entsteht.[88]

Der haploide Pollen wäre unter diesen Voraussetzungen der Träger der kosmischen Wirkungen, von denen Steiner spricht. Genetisch bringt er allerdings nur die Hälfte dessen, was die neue Pflanze ausmacht.

Die Genetik liefert ein Verständnis für die Frage, wie der alte Organismus, durch seine Affinität zu dieser besonderen Weltenlage, die Samenanlage in diejenige Weltenlage bringt, »daß aus den richtigen Richtungen her die Kräfte wirken, und daß aus ei-

---

[86] 2., 52 oben.
[87] Steiner, R., 24. September 1919: „Suchet das wirklich praktische materielle Leben...", zit. aus Wahrspruchworte 1961, sowie 3., 63 und 69.
[88] 3., 78.

nem Löwenzahn nicht eine Berberitze, sondern wieder ein Löwenzahn wird«[89]. Die genetische Grundlage jeder Zelle erlaubt nur das arteigene, eben das den Genen entsprechende Wirken derjenigen kosmischen Kräfte, von denen Steiner bei der Neubildung des Samens spricht.

Steiner spricht nun auch von dem Selbständigwerden der einzelnen chemischen Elemente durch den Wasserstoff, einerseits in Verbindung mit deren Verstäubung in die Weiten des Weltenalls und andererseits im Samen. Wenn Chaos auf Chaos wirkt, kann nach normalem Ermessen nur wieder Chaos entstehen. Gemeint kann aber sein, daß im stofflichen Chaos des Weltenalls die kosmischen Kräfte wirken und dadurch den Samen prägen können.

Diesbezüglich ist eine kurze Ausführung interessant, die Steiner den Medizinern macht:
»Anders ist es beim pflanzlichen Eiweiß. Das pflanzliche Eiweiß steht nicht unter dem Einfluß von solchen vier Organsystemen (Harnblasen-Nierensystem, Lebersystem, Lungensystem und Herzsystem), wenigstens scheinbar nicht; aber es steht unter einem anderen Einflusse. Es steht unter dem Einfluß von Sauerstoff, Stickstoff, Wasserstoff, Kohlenstoff und unter dem Einfluß desjenigen, was immer auch in der gesamten äußeren *meteorologischen* Natur vorhanden ist, unter dem Einfluß der die Funktionen dieser vier vermittelnden Schwefels, Sulfurs. Und beim pflanzlichen Eiweiß bewirken die sich in der *Atmosphäre* zerstreuenden vier Stoffe dasselbe, was im Menschen Herz, Lunge, Leber usw. wirken. Und es ist in der außermenschlichen Natur an Bildkräften in diesen vier Stoffen vorhanden, was in der innermenschlichen Natur individualisiert in den vier Organsystemen enthalten ist. Das ist wichtig, daran zu denken, daß wenn wir aussprechen den Na-

---

[89] 2., 52.

men Sauerstoff, Wasserstoff, sollen wir nicht bloß an dasjenige als innere Kräfte denken in diesen sogenannten Stoffen, wovon die heutige Chemie spricht, sondern wir müssen uns diese Stoffe mit Gestaltungskräften, mit Wirkungskräften denken, die auch ein Verhältnis zueinander immer haben, in dem diese Stoffe zu dem Inventar des Irdischen mit ihren Wirkungen beitragen.«[90] [*Hervorhebungen Wolfgang Schaumann*].

Wie beim Landwirtschaftskurs handelt es sich hier um gesprochenes Wort, nach Stenogramm gedruckt und vom Vortragenden nicht nochmals durchgesehen.
Wenn wir von Stoffen sprechen, dann meinen wir ganz natürlich deren Vorhandensein in einem stofflichen Zusammenhang, wie z. B. im Eiweiß eines Samens oder einer Samenanlage, wie wir das durch die Chemie kennenlernen. Hier ist etwas Anderes, Überraschendes gemeint, daß nämlich von den Stoffen in der Atmosphäre ätherisch-astralische Wirkungen ausgehen, von Sauerstoff, Stickstoff, Wasserstoff, Kohlenstoff, *deren Funktionen* durch den Schwefel der Pflanze vermittelt werden. Es wird also von Wirkungen der Stoffe gesprochen, ohne Eintreten dieser Stoffe in den physischen Leib der Pflanze.

(Und diese vom atmosphärischen Umkreis stammenden Wirkungen entsprechen im menschlichen (ätherischen) Organismus denjenigen, die von den Organen auf den ganzen Organismus ausgehen, also nicht nur im einzelnen Organ).

Höchstwahrscheinlich ist es diese Art der Wirkung auf die Pflanzen, die Steiner mit dem *großen* Chaos und dem Zerfall in den Weltenstaub in Verbindung bringt. Die chaotisch in der Atmosphäre verteilten Stoffe geben den kosmischen Kräften die

---

[90] Steiner, R., 1. April 1920: Geisteswissenschaft und Medizin, 12. Vortrag. GA 312.

Grundlage, spezifisch auf die Samenanlage zu wirken, gerade weil die Stoffe selbst in der Atmosphäre ohne Ordnung sind. In den Wirkungen im Samen finden wir dann aber diese Stoffe nicht. Was wir da stofflich finden, hat sich aus dem *kleinen* Chaos entwickelt, d. h. der bildungsfähigen, für diese Wirkungen von außen offenen Samenanlage im physischen Leib der Pflanze.

Vergleichbares gibt es in unserer sinnlichen Erfahrung auch. Wenn wir einen Gegenstand sehen, dann durch das Licht. Sichtbar wird das Licht durch die Stoffe des Gegenstandes. Nicht das Licht, sondern der Gegenstand erscheint zunächst im Bewußtsein. In bezug auf den Sehsinn werden wir deshalb jedoch keine Stoffe des Gegenstandes in uns suchen, im Auge oder im Sehnerv. Dennoch ist es der Gegenstand und seine Stoffe, die in uns aufleuchten und eine Wirkung in uns haben. Wir erkennen auf diese Art nicht nur die Welt, sondern sie wirkt auch auf uns. Wir verhalten uns entsprechend den wahrgenommenen Gegenständen. Wir freuen uns über sie, wenn sie schön und angenehm sind. Aber außerdem werden so gut wie alle Stoffwechselprozesse in uns ohne unser Bewußtsein auch durch das Licht beeinflußt. Die Wirkung geht über das Auge, bestimmte Fasern des Augennervs, den Hypothalamus im Gehirn, die Gehirnanhangdrüse (Hypophyse) und die Schilddrüse.[91] Die Art des Lichtes ist so streng stoffspezifisch, daß man das für eine sehr feine und genaue physikalisch-chemische Analytik benutzt (Atom-Absorptions-Spektroskopie und Atom-Fluoreszenz-Spektroskopie).

Das sind allerdings nur Hinweise auf das, was Steiner meint, vermutliche Analogien. Wir lassen uns durch sie unser Denken anregen und von Gewohnheiten befreien. Steiner geht es um die

---

91 Hollwich, F., 1955: Der Einfluß des Augenlichtes auf die Regulation des Stoffwechsels. Sonderdruck aus ‚Auge und Zwischenhirn', Bücherei des Augenarztes. Beiheft der Klin. Monatsblätter für Augenheilkunde 23.

Bedingungen, durch welche nur übersinnlich erfahrbare kosmische, d. h. geistige Kräfte, im eigentlichen engeren Sinn, auf das Physische der Pflanze wirken. Die astralischen Kräfte im Licht haben den lebendigen, vegetativen Sproß gestaut und die Entwicklung der neuen, jungen Blätter zur Blüte verursacht. Schon die Blütenknospe kann nicht mehr am Licht assimilieren, sondern muß Sauerstoff atmen, wie ein Tier. Das geht bis zur Samenanlage. Für das Entstehen des Samens greifen noch höhere Kräfte ein. Um diese geht es bei Steiners Ausführungen über das Samenchaos.[92]

Von den Leguminosen

Die Exemplare der Pflanzenordnung der Leguminosen (oder Fabales oder Hülsenfrüchtler genannt, mit den Familien der Mimosengewächse und der Schmetterlingsblütler) vermögen den Stickstoff der Luft zu binden. Das geschieht mit Hilfe von bestimmten Bodenbakterien, die in Wurzelhaare einwandern und in der Wurzel Kolonien von dann nur noch bakterienähnlichen (Bakteroiden) kleinen Organismen bilden. Diese befinden sich in den gut beobachtbaren Wurzelknöllchen. Der biologische Vorgang der Luftstickstoffbindung in diesen Knöllchen ist ein energiezehrender Prozeß, der durch den Zustrom von Zuckerstoffen seitens der Wirtspflanze ermöglicht wird. Sie hat jene in den Blättern am Licht gebildet. Die oberirdischen Pflanzenteile werden im Gegenzug durch die symbiontischen Wurzelvorgänge reich mit Stickstoff versorgt. Auch schon vor dem Absterben der Pflanzen können jedoch Kolonien in den Knöllchen absterben. Das führt zu Stickstoffverlusten in den Boden und damit zur Stickstoffversorgung benachbarter Pflanzen, welche den Boden ebenfalls mit ihren Wurzeln durchdringen. Ohne solche Nach-

---

[92] s. unten. Schema am Ende der Besprechung zum 8. Vortrag.

barpflanzen kann es zu Stickstoffverlusten in den Untergrund kommen.

Leguminosen haben außerdem eine hohe Fähigkeit, bodenständige Mineralien durch Säureausscheidung zu lösen und aufzunehmen. Das führt zu hohen Kalkgehalten der meisten dieser Arten und zur Säuerung des Bodens, wenn die Pflanzen mit ihrem Kalkgehalt nicht am Standort verbleiben, z. B. weil sie als Heu verkauft werden oder die Ausscheidungen der mit den Leguminosen gefütterten Tiere nicht zum selben Boden zurückkehren.
Beide Fähigkeiten, die Luftstickstoffbindung und die Mineralauflösung im Boden, verlangen einen starken Zustrom von Assimilaten[93] in die Wurzel.

---

93 Assimilation heißt wörtlich „Ähnlichmachung". Gemeint ist der Kohlenstoff der Luft (CO_2), der mit Hilfe des Lichtes in den grünen Blättern zu Pflanzensubstanz gemacht wurde. Assimilate: Zuckerarten, Säuren, freie Aminosäuren, Nukleinsäuren, Amine, Vitamine, Mineralstoffe u. a.

4. Vortrag
Düngen: Beleben und Astralisieren der Erde

Nach der Besprechung der Grundlagen für ein geistgemäßes Verständnis der landwirtschaftlichen Lebensbedingungen behandeln der vierte und der fünfte Vortrag die Düngungsfrage. Von Schlesien nach Dornach zurückgekehrt, berichtet Rudolf Steiner von der Tagung in Koberwitz und Breslau. Seine Zuhörer, Dornacher Anthroposophen, sind keine landwirtschaftlichen Fachleute und müssen die Empfehlungen nicht in die Tat umsetzen. Seine Worte sind daher ganz allgemein und grundsätzlich gehalten:

»Sie müssen ja nur das eine bedenken, meine lieben Freunde, heute versteht eigentlich kein Mensch das Wesen des Düngens. Gewiß, es wird instinktiv durch Tradition aus alten Zeiten gemacht. Aber das Wesen des Düngens verstehen, das tut eigentlich kein Mensch. Es weiß kein Mensch im Grunde genommen - außer denjenigen, die das aus Geistigem heraus wissen können -, was eigentlich der Dünger für den Acker bedeutet und warum er in gewissen Gegenden unerläßlich und notwendig ist und wie er zu handhaben ist. Es weiß zum Beispiel kein Mensch heute, daß alle mineralischen Dungarten gerade diejenigen sind, die zu dieser Degenerierung, von der ich gesprochen habe, zu diesem Schlechterwerden der landwirtschaftlichen Produkte das Wesentliche beitragen. Denn heute denkt eben jeder einfach: nun ja, zum Pflanzenwachstum gehört eine bestimmte Menge Stickstoff, und die Leute finden einfach ganz gleichgültig, auf welche Weise der Stickstoff bereitet wird, wo er herkommt. Das ist aber nicht gleichgültig, wo er herkommt, sondern es handelt sich wirklich darum, daß zwischen Stickstoff und Stickstoff, zwischen dem Stickstoff, wie er in der Luft mit dem Sauerstoff zusammen ist, zwischen diesem toten Stickstoff und dem anderen Stickstoff ein großer Unterschied ist. Sie werden es nicht leugnen, meine lieben Freunde, daß ein Unterschied ist zwischen einem Menschen, der lebendig herumgeht und einem Leichnam, einem menschlichen Leichnam. Das eine ist tot, das andere ist lebendig und beseelt. Dasselbe ist zum Beispiel für den Stickstoff und die anderen Stoffe der Fall. Es gibt toten Stickstoff. Das ist derjenige der in unserer Luftumgebung ist, der dem Sauerstoff beigemischt ist und der eine Rolle spielt bei unserem ganzen Atmungsprozeß und bei dem Prozeß des Zusammenlebens mit der Luft. Der darf nicht lebendig sein, aus dem einfachen Grunde, weil, wenn wir in lebendiger Luft leben würden, wir fortwährend ohnmächtig sein würden. Daß die Luft tot ist, der Sauerstoff tot ist, der Stickstoff tot ist, das ist die Bedingung einer Luft, in der viele Menschen so atmen sollen, daß sie bewußt, besonnen denken können.

Der Stickstoff, der in der Erde ist, der mit dem Dung hineinkommen muß, der unter dem Einfluß des ganzen Himmels sich bilden muß, dieser Stickstoff muß ein lebendiger sein. ... « (0, 20 f.)

In einer Einführung wie der vorliegenden, geht es um Verständnishilfe für das geistig sehr anspruchsvolle Werk. Hier muß daher zunächst immer die Frage verfolgt werden, was Steiner gemeint hat. Erst dann kann es mit gegenwärtigen naturwissenschaftlichen Ergebnissen verglichen werden. Es ist natürlich zu berücksichtigen, daß es sich um frei gesprochenes Wort zu einem begrenzten, vorbereiteten Zuhörerkreis handelt, nicht zum Drucken bestimmt. Die Welt ist inzwischen weitergegangen mit riesigen Erfahrungen auf dem Gebiet der Düngung, allerdings so gut wie ausschließlich unter stofflichen Aspekten, also nicht mit Steiners Gesichtspunkten. Durch Züchtung sind die Pflanzen in bezug auf ihre Fähigkeit, den Stickstoff zu verwerten, stark verbessert worden usw. Trotzdem bleibt auch hier eine wesentliche Aussage bestehen: „Belebt" heißt, daß der Stoff von einem Ätherischen ergriffen ist, „beseelt", daß er es von einem Astralischen ist. Das beobachtet Steiner und studiert es in bezug auf seine Auswirkungen. Darauf kommt es hier in erster Linie an. Am Beispiel des Kohlenstoffs haben wir oben wenigstens anfänglich gesehen, was das heißt.[94]

Der vierte Vortrag gibt eine Antwort auf die Frage, wie Boden und Pflanzen durch die Düngung stärker mit Kräften des Lebens versorgt und durchdrungen werden können. Eine zusammenfassende Antwort kann lauten: Substanzen (Mist, Kiesel, Pflanzenorgane), die zu bestimmten ätherisch-astralischen Kräften eine besonders starke Beziehung haben, umgebe man längere Zeit mit solchen tierischen Hüllen, welche für diese Kräfte anziehend sind. Übergibt man diese Hüllen mit Inhalt in bestimmter Jahreszeit an Orte, die mit den für sie geeigneten Lebenskräften des Jahreslaufes besonders stark durchdrungen sind, kommt es zu einer Anreicherung der gewünschten Kräfte in den Substanzen in der Hülle. Es handelt sich immer um Sonnenkräfte. Diese Kräfte werden wirksam, wenn man die Substanzen im Pflanzenbau anwendet.

Das wird im Vortrag mit folgenden Gedanken- und Erfahrungsschritten entwickelt: Geisteswissenschaft ist genötigt, nicht so sehr auf das immer Kleinere zu achten, sondern auf die großen Zusammenhänge des Lebens.
Wenn man Erde zu einem Hügel über das Bodenniveau aufhäuft, durchdringt sie sich mit Feuchte, Luft und Wärme und *mit Leben*, so daß es zu einer Belebung nicht nur des Wassers, sondern auch des Festen der Erde kommt.

---

94 Kapitel über den 3. Vortrag.

»Wenn man eine mineralisch-organische Substanz mit einer geeigneten Hülle umgibt, werden die bei der Rotte frei werdenden Lebenskräfte nicht entlassen, sondern wirken in der Substanz weiter, werden wieder mit ihr verbunden. Beispiele sind der Baumstamm mit seiner Borke, ein Kompost- oder Misthaufen unter einer geeigneten Abdeckung und der tierische Organismus in seiner Haut. Es soll nach innen, nicht nach außen riechen: »Der gewöhnliche Stalldünger ist dasjenige, was in das Tier hereingekommen ist an äußerer Nahrung, bis zu einem gewissen Grade, bis zu einem gewissen Punkte vom Organismus aufgenommen worden ist, dazu Veranlassung gegeben hat, daß Kraftwirkungen dynamisch im Organismus entstehen, aber eigentlich nicht in erster Linie zur Bereicherung mit Substanz verwendet wird, sondern wieder ausgeschieden wird. Aber es war im Organismus, hat sich durchdrungen mit Astralischem und mit Ätherischem. Es hat sich durchzogen im Astralischen mit den Kräften, die stickstofftragend sind, im Ätherischen mit den Kräften, die sauerstofftragend sind. Mit dem hat sich die Masse, die nun als Mist erscheint, durchdrungen.

Denken Sie nun, wir nehmen diese Masse, übergeben sie der Erde in irgendeiner Form – wir werden auf die Einzelheiten noch eingehen –, wir geben ja eigentlich der Erde ein Ätherisch-Astralisches, das rechtmäßig im Bauch des Tieres ist und im Bauch des Tieres da Kräfte erzeugt von pflanzlicher Art. Denn die Kräfte, die wir in unserem Verdauungstrakt erzeugen, sind von pflanzlicher Art. Wir müssen eigentlich furchtbar dankbar sein, daß der Mist übrig bleibt; denn er trägt Ätherisches und Astralisches aus dem Inneren heraus ins Freie. Das bleibt daran. Wir müssen es nur in entsprechender Weise erhalten, so daß wir also im Mist vor uns haben etwas, was ätherisch und astralisch ist. Dadurch wirkt es schon belebend und astralisierend auf den Erdboden, im Erdigen. Nicht bloß im Wäßrigen, sondern namentlich im Erdigen. Es hat die Kraft, das Unorganische des Erdigen zu überwinden.« (4,98 f.)

Der ganze vierte Vortrag knüpft an das im ersten Vortrag über die Emanzipation Gesagte an, das oben etwas ausgeführt ist. Durch den Abschluß von der äußeren Welt können Astralkräfte nicht nur von Außen, sondern im Innern wirksam werden. Das Ätherische wird durch die Astralkräfte im Fluß erhalten,[95] wodurch es nicht zu den festen Formen kommt wie bei den Pflanzen und die inneren Organe der Tiere ausgebildet werden können. Die Ausscheidungen der Tiere enthalten noch diese Kräfte. Sie werden bei der gewöhnlichen Mist- und Jauchedüngung wirksam, wenn der Dünger zerfällt. Jetzt, im vierten und fünften Vortrag, wird dieses natürliche Prinzip über die Tierhaltung hinaus benutzt: Die Einhüllung des Komposthaufens durch eine geeignete Abdeckung und schließlich durch die Benutzung von Tierorganen, die selbst Hüllencharakter haben.

Das Horn ist der dichteste Abschluß dieser Art. Es wird mit Mist gefüllt und über Winter in den Boden gelegt. Die ätherisch-astralischen Kräfte, die im Mist sind, werden in diesem weiter wirksam. Darüber hinaus schildert Steiner das Folgende: »Aber dadurch, daß das Horn äußerlich von der Erde umgeben ist, strahlen alle Strahlen in seine innere Höhlung hinein, die im Sinne der Ätherisierung und Astralisierung gehen.« Ganz Entsprechendes wird mit dem Kiesel gemacht, der jedoch in Horn und Boden *übersommert*.

Ein **Geweih** ist ein richtiger Gliedmaßenknochen. Wie dieser ist es ein Röhrenknochen mit einer kompakten weißen Knochensubstanz außen herum und innen mit einem Schwammgefüge. Die Hohlräume sind mit blutreichem Knochenmark gefüllt, dessen eingetrocknete Reste beim abgeworfenen, durchgesägten Geweih schwarz erscheinen. Anders als der Gliedmaßenknochen wächst es am äußeren Ende und sofort in der endgültigen Dicke. Daher

---

95 Steiner, R., 1925: Grundlegendes für eine Erweiterung der Heilkunst. Kap. V.

sprechen die Jäger vom „Kolbenhirsch". Aber typisch für den Gliedmaßenknochen wird er zuerst als Knorpel gebildet, der später erst in Knochensubstanz umgewandelt wird, - eine völlige Umbildung der mikroskopischen Struktur. Das ist sehr erwähnenswert, weil die Geweihstangen aus den Stirnbeinen herauswachsen, die, wie die anderen Knochen der Schädelkuppel, „Belegknochen" sind. Bei diesen wird die Knochensubstanz unmittelbar in das Bindegewebe eingelagert, ohne eine knorpelige Vorbildung. In bezug auf das Entstehen des Knochens ist das ein großer Unterschied und daher eine extreme Polarisierung in der Kopfbildung der Geweihträger. Denn es wächst das, was sonst der Erde zugewendet ist, aus dem gegenüberliegenden Organ heraus. Es lebt im Tier ein großer Überschuß an Gliedmaßen-Bildekräften.

Solange das Geweih wächst, ist es von Haut umschlossen, die ein feines Fell trägt. In der Unterhaut ist es stark durchblutet und von Nerven durchzogen. Von den Arterien sind in der Oberfläche des Geweihs später die eingeprägten Furchen deutlich zu sehen. Im Verhältnis zu einer richtigen Gliedmaße fehlen den Weichteilen die Muskulatur und den Knochen die Gelenke. Aber mit ihren vielen Enden erscheinen die Geweihe fast wie Hände des Menschen, die einen unsichtbaren Hohlkörper tragen. Wenn es fertig gebildet ist, stirbt das Ganze ab, auch im Innern des Knochens. Der Hirsch fegt die toten Weichteile an kleinen Baumstämmchen ab. Das macht er sehr heftig. Vermutlich juckt es ihn. Blutreste und Pflanzensaft ergeben die braune Färbung der Oberfläche. Im fertigen, abgestorbenen Geweih ist das *Innerste nach außen gekehrt*. Das ist einzigartig im Tierreich. Es ist wie eine *Übersteigerung der Gliedmaßenbildung* und ein *Gegensatz zu den Sinnesorganen*. Denn diese sind Golfe der Außenwelt im Organismus. In ihnen ragt die Außenwelt in den Organismus *hinein*.[96]

Die jährliche Geweihbildung ist eine erhebliche Stoffwechselleistung des ganzen Organismus. Beim Rothirsch geht das von März bis Ende Juli. Was macht der Hirsch mit diesen Kräften, wenn das Geweih fertig ist? Dadurch, daß etwas *leer* wird in bezug auf das *Leben*, wird es durchlässig für den Geist.[97] Das gilt generell für Sinne und Nerven, bei den Hirschen auch für das Geweih, d. h. diesen abgestorbenen Teil des Skeletts.[98] Rudolf Steiner sagt, daß der Hirsch die Kräfte durch das Geweih wie durch Ventile entläßt. Durch diesen Entzug eigener, innerer Kräfte kommt er in die Lage, von außen durch die Sinne etwas aufzunehmen, was in der Umgebung der Erde kosmisch (Sonnenastralität) ist. Es verändert u. a. auch die Harnblase, macht sie zu einem Abbild des Kosmos.[99] Es ist etwas, das in den Nerven organisch wirkt (durch die Nerven auf die Organe wirkt, W. S.).[100]

Bei den **Hörnern** wird gerade das, was bei den Geweihen wegfällt, die Haut, zu dem wichtigsten Teil des Stirnbeinaufsatzes ausgebildet. Die Bildung beginnt mit einer Verdickung der Haut unter einem kleinen Haarwirbel. Das regt das Wachstum des darunterliegenden Stirnbeins an. Es gibt keine knorpelige Vorbildung des Knochens, obwohl Haut und Knochen zusammen herauswachsen wie eine Gliedmaße. Bei den Kühen wächst die lufterfüllte Stirnhöhle in den Knochenzapfen hinein. Der Knochen des Kuhhorns enthält daher kein Knochenmark, sondern Luft. Bei den Bullen ist das nur angedeutet. Ihr längerer, weiter zur Hornspitze reichender Knochenzapfen ist weitgehend kom-

---

96 Steiner, R., 7. Jan. 1923: GA 323. 16.Nov.1923: GA 319.
97 Steiner, R., 1919: Allgemeine Menschenkunde als Grundlage der Pädagogik. GA 293.
98 Etwas ausführlicher in Anm. 91.
99 5., 127/128.
100 4., 97.

pakt. Das Bullenhorn betont den Knochenteil und hat daher eine leichte Tendenz zum Geweih. Geweihträger sind nur die männlichen Tiere (einzige Ausnahme ist das Ren).
Viel deutlicher als bei den Rindern ist bei Ziegen, Schafen und vielen Antilopenarten die symmetrische Gestalt des Querschnitts der Hörner im Verhältnis zwischen linkem und rechtem Horn. Beide Hörner sind zusammen einem Fuß der Paarzeher analog. Außerdem windet sich jedes einzelne Horn in einer Spirale, also um eine eigene Achse. Das kann auch bei den Klauen entstehen, wenn sie nicht geschnitten oder abgenutzt werden.[101]

Das Horn kann man verstehen als verschmolzenes Haar. Es wächst von innen lebenslang weiter und die Hörner werden immer länger. Man kann mit gleichem Recht sagen, es besteht in einer ganz erheblichen Verdickung der Hornschicht der gewöhnlichen Haut. Diese oberste Schicht (Stratum corneum) wird dauernd von innen mit jungen nachwachsenden Zellen ergänzt, die, in diese Schicht gelangt, wie zusammengedrückt und vertrocknet erscheinen. Sie sind dort nicht mehr teilungsfähig, aber sehr widerstandsfähig gegen mechanische und chemische Einwirkungen von außen. Auch da herrscht also sterbendes und bewahrendes Leben, d. h. obersonniges Wirken[102] in der Bildung der eigentlichen Hornschicht. Im Verhältnis zum Geweih, das nach seiner Ausbildung vollständig erstirbt, ist dieser Vorgang des Absterbens auf die Art der Hautbildung beschränkt. An deren innerer Schicht hört jedoch die Neubildung nie auf. Beim Hirsch sind Neubildung und Absterben dagegen ein streng jahresrhythmischer Vorgang. Beim Einsetzen der Laktation geht das Hornwachstum beim Rind weiter, an der Basis des Horns aber mit geringerer Dicke. Dadurch entstehen sogenannte Kälberringe, die eigentlich Laktationsringe heißen müßten, wie Einschnürungen um das ganze

---

101 Schad, W., 1991: Säugetiere und Mensch. Verlag Freies Geistesleben, Stuttgart.
102 GA 208.

Horn herum. Da es nur nach einer Geburt eine neue Laktation gibt, hat man an den Hörnern einen Abdruck der Fruchtbarkeit der Kuh. Größerer Abstand zwischen den Einschnürungen beruht auf längerer Zeit zwischen zwei Kälbern. Daß durch die Hornbildung, welche Gliedmaßenenden, Hörner und Zehen, nach außen abschließt, eine Undurchlässigkeit gegenüber ätherischen und astralischen Kräften besteht, erscheint von der sinnlichen Ausbildung her gut verständlich.

Auch die eigentliche harte Hornschicht verliert, ähnlich wie das Geweih, ihre Lebendigkeit. Wird sie dadurch durchlässig für freie Astralität und Weltengeist? Im Zusammenhang von Ebbe und Flut und vielen Wirkungen auf den menschlichen Ätherleib sagt Rudolf Steiner:
»Und so müssen wir auch, wenn wir von den untersonnigen Planeten reden, ihr Gegenbild in der Erde suchen, und dann die mehr physische Rückwirkung, die Rückwirkung auf das Physische vom Irdischen ausgehend denken. Und dasjenige, was mehr geistig-seelisch entgegensteht, das müssen wir den außerirdischen Planeten zuschreiben.« (Mars, Jupiter, Saturn)[103]

In bezug auf den Vorschlag Steiners, die beiden Feldpräparate **eine Stunde zu rühren** und nicht etwa zu potenzieren, muß man berücksichtigen, daß er sich mit dem Potenzieren und der Anwendung potenzierter Arzneimittel beim Menschen in Zusammenarbeit mit Ärzten und Apothekern vielfältig beschäftigt hatte und über viel therapeutische Erfahrung verfügte. Er machte sehr bemerkenswerte Angaben über das, was er beim Potenzieren, der systematischen, schrittweise weitergeführten Verdünnung, beobachtet hat:

---

103 Steiner, R., 1920: Geisteswissenschaft und Medizin. 7. Vortrag. GA 312.

»... Für mich war es daher immer so, daß ich sah die den Substanzen *entgegengesetzten Wirkungen* in dem Medium, das man braucht, in dem Verreibungsmittel usw., in dem, was man braucht, um die homöopathische Substanz hineinzuarbeiten (*Milchzucker, destilliertes Wasser, Alkohol*). Dieses Medium bekommt eine andere Konfiguration, geradeso wie ich ein anderer werde, wenn ich vom Vermögen übergehe zum Schuldenmachen in dem äußeren sozialen Leben, so geht Substanz in ihren entgegengesetzten Zustand über und verleiht dann diesen entgegengesetzten Zustand (zu dem entgegengesetzt, W. S.), den sie früher in sich gehabt hat, ihrer Umgebung.«....[104]

Im Landwirtschaftskurs findet sich keine Andeutung einer solchen Absicht, eine Gegenwirkung zum Präparat zu erzeugen. Es kommt Steiner nur auf eine innige Durchdringung des Wassers mit dem Präparat an,[105] nicht, gerade nicht auf eine entgegengesetzte Wirkung.[106]

Der vierte Vortrag enthält ein wichtiges methodisches Element. Gerade anläßlich des Düngers spricht Steiner davon, daß man zu allem in der Landwirtschaft ein *persönliches Verhältnis* gewinnen sollte. Ein persönliches Verhältnis ist ein Gefühlsverhältnis.

---

[104] Steiner, R., 1920: Geisteswissenschaft und Medizin. 11. Vortrag. GA 312. Die Ausführungen Steiners dazu sind dort noch ausführlicher. Zusätzlicher Inhalt betrifft höhere Potenzen, die hier nicht zu unserem Thema gehören.
[105] 4., 106.
[106] Verfasser kann sich denken, daß eine künftige Landwirtschaft sich auch potenzierter Mittel im Pflanzenbau bedienen wird. Dabei muß aber bedacht werden, daß homöopathische Mittel am gesunden Menschen oder Tier gerade die Krankheitserscheinung *erzeugen*, die man beim kranken bekämpfen will. Sie sind beim Gesunden nicht einfach generell harmlos. Ferner muß berücksichtigt werden, daß völlig harmlose Stoffe im potenzierten Zustand therapeutische Wirkungen bekommen können, wie z. B. Kochsalz oder Kohlensaurer Kalk. Es kann sein, daß man im Versuch an den Pflanzen nichts oder nur Erwünschtes feststellen kann, aber *im Nachbau* aus den Samen der behandelten Pflanzen sich dann bedeutende unerwartete Wirkungen zeigen. Es handelt sich also nicht um eine Frage, die man ohne gründliche wissenschaftliche Bearbeitung verantwortlich entwickeln könnte.

Wenn man nur ein bißchen genauer auf sich selber blickt, weiß man schnell, daß man in der Landwirtschaft das Wenigste wirklich gedanklich ganz durchschaut. Man weiß mit genügender Erfahrung einigermaßen, wie man mit den Dingen umgehen muß, um große Fehler zu vermeiden. Notwendigerweise beruhen viele Entscheidungen auf Induktionsschlüssen, das sind solche, die auf äußerer, nicht zu den Ursachen vordringender Erfahrung beruhen, nach dem Muster: Was sich bewährt hat, wird sich wieder bewähren. Doch verändern sich die Verhältnisse. Es gibt nie wirkliche Wiederholungen. Jedes Jahr ist anders als die verflossenen. Was sich wirklich abspielt, von dem bleibt doch vieles im Dunkeln. Zum Handeln ist man aber gezwungen. Woher nimmt man die Urteile, die zur Entscheidung führen, was jetzt richtig ist?

Im Unterschied zu naturwissenschaftlichen Prinzipien, die das Gefühl auszuschließen trachten, weil es subjektiv ist, ist der Handelnde oft gezwungen, sich auf sein Gefühl zu verlassen, durchaus auch der Naturwissenschaftler. Es kommt daher darauf an, das Gefühl zu schulen, auszubilden, damit es ein besseres, zunehmend objektives Instrument des Urteilens werde. Dazu fordert Steiner auf. Etwas später sagt er dann: Richtig hineinsehen heißt doch *richtig verstehen*. Das Gefühl muß sich also *an Erfahrung und Erkenntnis schulen.*[107]

Rudolf Steiner schließt den vierten Vortrag dann mit einer grundsätzlichen methodischen Bemerkung ab:
»Aber Sie sehen, in dem, was so gesprochen wird aus der Geisteswissenschaft heraus, liegt ja zugrunde der ganze Haushalt der Natur. Es wird aus dem Ganzen heraus gedacht; daher ist das Einzelne, was man sagen muß, maßgebend für das Ganze. Es kann gar nichts anderes herauskommen, wenn man so die Land-

---

[107] S. 96.

wirtschaft betreibt, als daß sie für den Menschen und für die Tiere das Beste gibt. Es wird sogar überall bei der Betrachtung von dem Menschen ausgegangen; der Mensch wird zur Grundlage gemacht. Dadurch ergeben sich die Winke, die gegeben werden dafür, daß sich die Menschennatur am allerbesten unterhält. Das ist dasjenige, was diese Form von Betrachtung unterscheidet von denjenigen, die heute üblich sind.« (4,103)

Im Anschluß an den vierten Vortrag fand die erste Aussprache statt. Aus der Fülle der Fragen und Antworten, die im Anschluß an den vierten Vortrag begannen, sei eine herausgegriffen, die grundsätzliche Bedeutung hat: *„Kommt es darauf an, welche Persönlichkeiten die Arbeit ausführen oder können auch beliebige andere Persönlichkeiten die Arbeit ausführen oder soll es ein Anthroposoph sein?"*

»Das ist natürlich die Frage. Heute aufgeworfen, wird sie ja viel belächelt werden. Ich erinnere Sie daran, daß es Menschen gibt, bei denen Blumen, die sie an ihren Fenstern züchten, wunderbar gedeihen. Bei anderen Menschen gedeihen sie gar nicht, sondern verdorren. Solche Dinge sind nun einmal schon da. Alles dasjenige aber, was da auf eine äußerlich nicht erklärliche, innerlich aber sehr durchschaubare Weise geschieht durch den Einfluß des Menschen selber, das geschieht schon auch dadurch, daß der Mensch, sagen wir, Meditationen verrichtet und sich durch das meditative Leben vorbereitet - ich habe es gestern charakterisiert. Man lebt ja eigentlich ganz anders mit dem Stickstoff, der die Imaginationen enthält, wenn man meditiert. Dadurch versetzt man sich in eine Lage, die bewirkt, daß alles das wesentlich wirksam ist; in eine solche Lage versetzt man sich dann überhaupt gegenüber dem gesamten Pflanzenwachstum. Nur ist heute die Sache eben nicht so deutlich, als sie einmal war in Zeiten, in denen diese Dinge anerkannt waren. Und es gab solche Zeiten, da haben die

Leute tatsächlich gewußt, daß sie durch gewisse Verrichtungen, die sie vorgenommen haben, sich einfach geeignet gemacht haben für die Pflege des Pflanzenwachstums. Heute, wo das nicht beachtet wird, färben die anderen Leute ab, und diese feinen subtilen Wirkungen gehen verloren, wenn man sich fortwährend unter Menschen bewegt, die so etwas nicht beachten. Deshalb ist es sehr leicht zu widerlegen, wenn man so etwas anwendet. Ich nehme daher noch etwas Anstoß, gerade über solche Dinge schon vor einer größeren Gesellschaft frei zu reden, weil sie natürlich heute aus den Lebensverhältnissen heraus sehr leicht widerlegt werden können.« (4, 114 f.)

Wenn jemand Naturwissenschaft betreiben will, ist es ganz selbstverständlich, daß er zuerst studieren muß. Wenn er dann ein bestimmtes wissenschaftliches Arbeitsgebiet ergreift, muß er sich einarbeiten. Das ist nicht nur eine Frage der Kenntnisse, sondern der Fähigkeiten im Umgang mit der Sache, sowohl im schnellen, sicheren Wahrnehmen als in der tätigen Handhabung. Z. B. mißt man ohne genügende Übung leicht mehr die Folgen seiner Taten als Experimentator und messender Beobachter als die Sache selbst, die man erkennen will. In der Praxis ist es nicht anders. Für den Musiker z. B. ist es ganz selbstverständlich, daß sein Leben in erheblichem Umfang aus Üben bestehen muß, wenn er einen befriedigenden Grad des Könnens erreichen und erhalten will. Er lernt dabei aber nicht nur technisch besser spielen, sondern auch besser hören. Sein musikalisches Erlebnis wird differenzierter und intensiver. Es muß sich mit den feinsten Einzelheiten verbinden. Das ist eine Voraussetzung für sein Spiel und für das Erlebnis der Hörer. Nur unter dieser Voraussetzung kann der Charakter und geistige Gehalt der Komposition für den Hörer voll in Erscheinung treten. Der Musiker macht durch die Übung sein Subjekt, seine Person zum Instrument eines Objektiven, der Komposition, die er vorträgt.

So ähnlich ist es also auch hier. Was zur Erscheinung gebracht werden soll, ist jedoch kein Kunstwerk, sondern das Wesen des zu Erkennenden. Die Naturwissenschaft hat den Menschen aus dem Naturgeschehen eliminiert, weil sie (mit Recht!) alles Subjektive ausschalten wollte und will. Dabei hat sie aber alles Geistige und Seelische in der Naturanschauung verloren. In ihren Gedanken ist davon nichts mehr enthalten, weil sie es methodisch nicht fassen kann und deshalb verständlicherweise ausschalten will.

Diese auf das Sinnliche und ganz besonders auch auf das Untersinnliche beschränkten Gedanken bilden die Weltanschauung unserer Zeit, ohne daß das deutlich genug bewußt würde. Es wird so gut wie völlig übersehen, daß die Naturwissenschaft selbst ein geistig-seelisches Phänomen des Menschen ist. Sie findet auf der Bühne des Bewußtseins statt. Aber Selbsterkenntnis könnte nicht viel weiter von uns entfernt sein, als sie durch Naturwissenschaft entfernt wird. Nicht einmal der Mangel wird bewußt.

Das alles spielt eine wichtige Rolle für den tätigen, den arbeitenden Menschen. In diesem Sinne ist Landwirtschaft immer auch Kunst, ein Plastizieren im Lebendigen mit dem Fühlen in leitender Funktion und mit dessen Orientierung an dem, was mit allen Sinnen vor, während und nach der Arbeit wahrzunehmen ist. Warum ist die Kulturlandschaft in weiten Bereichen immer noch so schön? Allerdings, der weit größere Künstler dabei ist die lebendige Natur selbst, die durch den Menschen zur Kultur erhoben wird.

5. Vortrag
Die richtige Substantiierung des Düngers

Die Bereitung der biologisch-dynamischen Kompostpräparate wird begründet und beschrieben. Dazu führen folgende Gedankenschritte:
Die Düngung bleibt erhalten. Es handelt sich hier um eine Aufbesserung der Düngung. Das Lebendige muß im Leben erhalten werden.

Der Erdboden ist eine Art Fortsetzung des Pflanzenwachstums im Boden, also etwas Lebendiges. Die Einsichten waren verlorengegangen, wie sich in den Absonderungsprodukten des Lebens das Leben in den Boden hinein fortsetzt. Das Bodenleben speist sich aus Wurzelausscheidungen und Pflanzenabfall.

Zwei Fehlurteile spielen eine Rolle bei der Beurteilung landwirtschaftlicher Verhältnisse: Bakterien sind nicht die eigentlichen Erzeuger bestimmter Verhältnisse, sondern mehr die Anzeiger. Sie stellen sich bei bestimmten Voraussetzungen meist von selbst ein. (Wovon es Ausnahmen gibt).

Mit unorganischen Zusätzen zum Dünger kommt man höchstens zu einer Belebung des Wäßrigen. Das Erdige, Feste muß durch Organisches belebt und organisiert werden. Sich auf die damalige Fachliteratur berufend, erwähnt Steiner Kieselsäure, Blei, Quecksilber, Arsen, die man fälschlich nur als Reiz'stoffe' verstehe.

Man muß dafür sorgen, daß sich der eigentliche Naturprozeß ganz richtig abspielen kann. Um die Erde herum sind in feinster

Dosierung gerade die Stoffe, die man für unnötig hält, und der Erdboden kann gehindert werden, sie aufzusaugen.

Steiner hat sich bei der Vorbereitung zu Vorträgen oft Notizen gemacht, nach seinen eigenen Worten nicht, um später wieder hineinzusehen, sondern um durch das Aufschreiben den Inhalt dem Gedächtnis einzuprägen. In seinen Notizen zum Landwirtschaftskurs schreibt er sich auf:

»Kieselsäure macht den Dünger regsam,
Blei macht ihn so, daß er sich gut in der Pflanze verteilt,
Quecksilber und Arsenik regen seine Lebendigkeit an.«
Dies ist als Ergebnis seiner geisteswissenschaftlichen Untersuchung zu verstehen, keineswegs als Empfehlung einer Anwendung.

Wir können voraussetzen, daß es sich hierbei um Wirkungen handelt, die wir am besten im Vergleich mit homöopathischen Heilmitteln verstehen. Die Wirkungen stehen nicht in direktem Verhältnis zu der analytisch zu findenden Menge dieser Stoffe. In gut meßbaren Mengen handelt es sich außer bei Kiesel um Giftstoffe, potenziert jedoch um sehr bekannte, viel verwendete homöopathische Heilmittel. Den Begriff des Spurenelementes gab es zu Steiners Zeit noch nicht.

Lebendige Kräfte sind viel wichtiger als bloß substantielle. Man muß der Pflanze die Fähigkeit beibringen, das, was der Boden enthält an Wirkungen, auch in den eigenen Leib aufzunehmen.

Es werden die für die Pflanzen wichtigsten Mineralien betrachtet und die Heilpflanzenart aufgesucht, welche die größte Fähigkeit hat, einen bestimmten Mineralstoff im Boden aufzulösen, aufzunehmen und pflanzengemäß, das ist im Sinn ihrer Gesundheit, zu verwerten. Oder, anders ausgedrückt, die Pflanzenart und das Organ von ihr zu finden, welches diejenigen Kräfte am deutlichsten ausbildet, welche die Pflanzen in Verbindung mit dem betreffenden Mineralstoff aufbringen müssen, um sich gesund entwickeln zu können.

Als nächsten Schritt der Heilmittelfindung, hier der Präparate für die Landwirtschaft, schildert Steiner die Prüfung dessen, was die betreffende Heilpflanze oder die von ihr stammende Droge hervorruft, wenn sie im Menschen angewandt wird. Das von der Wirkung besonders betroffene bzw. das besonders stark reagierende Organ wird dann von Haustieren genommen und als Hülle verwendet. Die Heilpflanzendroge in der Tierhülle wird in spezifischer Weise den Lebenskräften des Standorts, besonders denen der Sonne im Jahreslauf ausgesetzt. Dadurch kommt es zu einer Anreicherung der betreffenden Kräfte in der Droge. Die so entstandenen „Präparate" werden den organischen Düngern zugesetzt, so daß sich die Kräfte erst dem Dünger und dann Boden und Pflanze mitteilen. Das ist, allgemein gesprochen, die Idee der Kompostpräparate.

Es seien hier noch einige Kernsätze Rudolf Steiners zur Präparatewirkung herausgestellt (in enger Anlehnung an seine Formulierung):

Schafgarbe: Im tierischen und menschlichen Organismus kann die Schafgarbe alles ausbessern, was an einer Schwäche des Astralleibes liegt.

... man gibt dem Dünger die Möglichkeit zurück, die Erde so zu beleben, daß die weiteren kosmischen Stoffmengen, das, was in feinster homöopathischer Dosierung an Blei, Kieselsäure usw. an die Erde herankommt, aufgefangen werde.

Kamille: Die Kamille aber verarbeitet das Calcium dazu und damit dasjenige, was im wesentlichen dazu beitragen kann, jene schädlichen Fruktifizierungswirkungen von der Pflanze auszuschließen, die Pflanze gesund zu erhalten.

... den Dünger auch fähig zu machen, noch mehr zusammenzubinden diejenigen Stoffe, die für das Pflanzenwachstum nötig sind.

..... und man wird sehen, daß man damit einen Dünger bekommt, der erstens wiederum stickstoffbeständiger ist als anderer Dünger, der aber außerdem die Eigentümlichkeit hat, die Erde so zu beleben, daß sie in außerordentlich anregender Weise auf das Pflanzenwachstum wirken kann.

Brennessel: Auch die Brennessel trägt in sich dasjenige, was das Geistige überallhin einordnet und verarbeitet, ... außerdem hat die Brennessel noch eine Art Eisenstrahlungen, die fast so günstig sind im Laufe der Natur, wie unsere eigenen Eisenstrahlungen im Blute.... Sie müßte eigentlich den Menschen ums Herz herum wachsen, denn sie ist wirklich draußen in der Natur in ihrer großartigen Innenwirkung, ihrer inneren Organisation eigentlich ähnlich demjenigen, was das Herz im menschlichen Organismus ist.

... dann bewirkt man überhaupt, daß dieser Dünger innerlich empfindlich wird, richtig empfindlich wird, so daß er, wie wenn er jetzt vernünftig geworden wäre, nicht sich gefallen läßt, daß irgend etwas in einer unrichtigen Weise sich zersetzt und irgend etwas in einer unrichtigen Weise den Stickstoff abläßt und dergleichen.

... Es ist wirklich etwas wie eine „Durchvernünftigung" des Bodens, was man durch einen Zusatz von Urtica dioica wird bewirken können.

Eichenrinde: Das Calcium, besonders wenn es in belebtem Zustand ist, schafft Ordnung, wenn der Ätherleib zu stark wirkt, so daß an irgendein Organisches das Astrale nicht herankommen kann. Es tötet (es dämpft) den Ätherleib, macht dadurch die Wirkungen des Astralleibes frei, so daß es der Düngermasse wirklich die Kräfte verleiht, schädliche Pflanzenkrankheiten prophylaktisch zu bekämpfen.

Löwenzahn: Er ist der Vermittler der im Kosmos fein homöopathisch verteilten Kieselsäure zu demjenigen, was an Kieselsäure eigentlich gebraucht wird über die ganze Gegend hin. Die Substanz des Löwenzahnpräparates wird dem Erdboden die Fähigkeit geben, soviel Kieselsäure aus der Atmosphäre und aus dem Kosmos heranzuziehen, als für die Pflanze gerade notwendig ist, damit diese Pflanzen empfindsam werden gegen alles das, was in ihrer Umgebung wirkt, und dann anziehen das, was sie dann brauchen.

Baldrian: Er ruft im Dünger dasjenige hervor, was anregt dazu, sich gegenüber demjenigen, was man Phosphorsubstanz nennt, in der richtigen Weise zu verhalten.

Die etwas komplizierte Formulierung wird hier beibehalten, weil sie etwas Kompliziertes aussagt. Der Baldrian ruft erst etwas hervor. Dieses regt den Dünger an, sich gegenüber Phosphorsubstanz richtig zu verhalten.

Potenzierter Phosphor wird von Steiner medizinisch oft empfohlen. Er nennt ihn einen Träger des Ich im Leibe, zunächst im oberen Menschen, der dann auch auf den unteren wirkt. In hohen Potenzen wirkt er als Schlafmittel, wirft das Ich gewissermaßen hinaus. Medizinisch wird Baldrian*wurzel* als sanftes Beruhigungs- und Schlafmittel verwendet. Hier ist es die *Blüte*.

Eine gründlichere Besprechung der tierischen Hüllen würde den Rahmen sprengen.[108]

Sehr deutlich ist, daß es Steiner bei seinen Vorschlägen zur Düngung nicht um den üblichen Stoffersatz geht. „Die Düngung bleibt erhalten". Von Schlesien zurückgekehrt, berichtet er den Dornacher Freunden von seiner Reise und dem Kurs:

---

108 In: „Zur Frage der Düngung im Biologisch-Dynamischen Landbau", 1994, ist von verschiedenen Autoren einiges über das Schafgarbenpräparat zusammengetragen, das vielleicht ein Beispiel gibt, wie man mit dem Verständnis weiterkommen kann. Verl. am Goetheanum, Dornach, Schweiz.

»Es handelt sich dabei durchaus um eine Frage, die im allereminentesten Sinne eine, ich möchte sagen kosmisch-irdische Frage ist. Gerade bei der Landwirtschaft zeigt es sich, daß aus dem Geiste heraus Kräfte geholt werden müssen, die heute ganz unbekannt sind und die nicht nur die Bedeutung haben, daß etwa die Landwirtschaft ein bißchen verbessert wird, sondern die Bedeutung haben, daß überhaupt das Leben der Menschen - der Mensch muß ja von dem leben, was die Erde trägt -, eben weitergehen könne auf Erden auch im physischen Sinne.« (0,12)

6. Vortrag
Die Individualisierung in den Maßnahmen der Landwirtschaft

Der sechste Vortrag setzt die Bestrebungen des fünften nach der negativen Seite hin fort: Kann man mit geeigneten Substanzen so umgehen, die Landwirtschaft in einen solchen Zustand zu bringen, daß sie die Erde ungeneigt machen, Träger des Lebens von ganz bestimmten Unkräutern und Schädlingen zu werden? Der wichtigste Weg dorthin ist in dieser Darstellung die Verbrennung, - die der Unkrautsamen, der Insekten, bei Wirbeltieren der Haut,- und die Anwendung der Aschen auf den Boden. Die Substanzen werden also von den unerwünschten Organismen selbst gewonnen. Das ist eine Art der Heilmittelgewinnung, die in der Homöopathie unter der Bezeichnung Nosodentherapie[109] bekannt ist. Dabei spielen bei Steiner kosmische Konstellationen eine wichtige Rolle. Nur in diesem abwehrenden Zusammenhang gibt Rudolf Steiner genaue Empfehlungen über das Einhalten bestimmter Zeitpunkte im Zusammenhang mit den Gestirnen. Zur Ableitung überschüssiger Mondenkräfte wird der gekochte Schachtelhalmtee empfohlen.[110] Die Darstellungen sind aber besonders anspruchsvoll für die Verständnisbemühung. Für das erste Studium des Landwirtschafts-Kurses kann der sechste Vortrag auch übersprungen werden. Häufig wird dies empfehlenswert sein.

---

109 Von griechisch nosos - Krankheit.
110 Raupp, J., 1985: Hat die Schachtelhalm-Präparatherstellung und dessen Anwendung an Weizen und Gerste mit positiven Ergebnissen geprüft. Diss. Hohenheim.

Sehr viele auch langfristige Bemühungen, diese Empfehlungen in der Praxis anzuwenden oder systematisch zu erproben, haben bisher neben einzelnen Beobachtungen, die als Erfolge erschienen sind, nicht dazu geführt, daß diese Verfahren praxisreif geworden wären.

Der Vortrag enthält allerdings auch Darstellungen von grundsätzlicher Bedeutung, nicht nur der des Abwehrens des für den landwirtschaftlichen Zweck Schädlichen. So schildert Rudolf Steiner die vertikale planetarische Kräftegliederung der landwirtschaftlichen Individualität zunächst in umgekehrter Richtung wie im zweiten Vortrag. Das obersonnige Wirken wird hier über der Erde, das untersonnige nach Aufnahme durch den Boden von unten auf die Pflanzen beschrieben. Manches spricht dafür, daß die Schilderung im ersten Vortrag so wie die im sechsten gemeint ist, wenn es dort auch nicht so genau ausgeführt ist und beim Übergang zum zweiten Vortrag keine Bemerkung über eine Änderung des Aspektes vorliegt. Man kann daraus lernen, ernst zu nehmen, daß Kiesel und Kalk immer sowohl in als auch über der Erde vorhanden sind, wenn auch in sehr unterschiedlichen Konzentrationen (siehe 1. Vortrag). Das ist auch im naturwissenschaftlichen Sinne ganz sicher. Jede einzelne planetarische Kraftqualität wirkt daher sowohl von oben als von unten, aber in polarer Weise. Sie muß also in sich selbst als polar gegliedert und wirksam gedacht werden.[111] Außerdem handelt es sich dabei nur um die nächstliegende Lokalisierung des Wirkens, dann wirkt das Untere auch in das Obere hinein und umgekehrt.[112] Die Intensität des Wirkens verlagert sich aber je nach Klima, Witterung, Boden, Jahreszeit und nach Entwicklungsstadium der Pflanzen mehr oder weniger auf die eine oder andere Seite.

---

111 Lievegoed, B. C., 6. Aufl. 1992: Planetenwirken und Lebensprozesse in Mensch und Erde. Verlag Freies Geistesleben, Stuttgart
112 2., 45.

Daß auch die Stoffe, welche die planetarischen Kräfte vermitteln, dies in polarer Weise tun, wurde oben bei der Besprechung des dritten Vortrags anläßlich der Samenbildung gesagt. Dort ging es allerdings um geistige Kräfte aus der Fixsternregion. Verfolgen wir hier den Stickstoff unter diesem Aspekt: Wir sind gewohnt, sofort an Stickstoffverbindungen zu denken, an Nitrat, seine Reduktion in der Pflanze und an die Eiweißbildung. Das ist ganz richtig. Der Stickstoff ist unmittelbar in das Leben einbezogen, ist nicht nur lebendig, sondern empfindlich[113] oder beim Nitrat gerade aus dem Leben ausgeschieden, mineralisch geworden. Rudolf Steiner weist uns aber darauf hin, daß es noch eine andere Art der Wirkung gibt. Der Stickstoff über der Erde muß tot sein. Dadurch kann das Astralische um die Pflanze herum sein, das auf sie von außen das Wachstum zurückstauend im Sinne der Blütenbildung wirkt. Dieser tote Stickstoff ist im Nervensystem der Träger der Empfindung. Der Meditierende wächst allmählich hinein in ein Erleben des Stickstoffs rings um sich herum.[114]
„Er unterrichtet einen über dasjenige, was Merkur, Venus usw. tun". Das ist der tote Stickstoff.

Ganz in diesem, das Wachstum zurückstauenden Sinne des von außen wirkenden Astralleibes der Pflanzen werden Lichtwirkungen beschrieben, die über das sogenannte *Phytochrom* der Pflanze wirksam werden. Das ist ein Stoff, der in jungen Pflanzenzellen ständig gebildet und wieder abgebaut wird. Trifft Licht auf die Zelle, dann entsteht bleibendes Phytochrom, welches das Größenwachstum der Zelle hemmt. Der Vorgang ist abhängig von der Intensität und Dauer der Belichtung. Bei vielen Pflanzenarten kommt es bei starker Lichtwirkung dabei zu einer Rotfärbung auch der vegetativen Pflanzenteile.[115] Steiner sagte einmal den Ärzten: »Überall, wo im Naturprozeß eine Rötung auftritt, da ist

---

113 3., 71-74.
114 3., 77.
115 Mohr und Schopfer, 1978: Lehrbuch der Pflanzenphysiologie.

ein starkes Gegenwirken gegen das Astralisieren vorhanden. Ich möchte sagen, die Sache in eine moralische Formel gebracht, würde so sein, daß man sagt: In dem die Rose sich rötet, versucht sie, sich gegen die Astralisierung zu wehren.«[116] Das ist ein botanisch und pflanzenbaulich sehr verfolgenswerter Aspekt.

Bei feuchter, trüber Atmosphäre wirken über der Erde mehr die untersonnigen, bei klarer, trockener Luft mehr die obersonnigen Kräfte. Das kann man besonders im Frühling deutlich erleben.[117] Jeder, der Pflanzenbestände in Trockenperioden bewässert, kennt, wie langsam sich das junge vegetative Leben entwickelt, wenn es fortdauernd strahlend schönes Wetter ist, trotz genügend feuchter Böden. In der klaren, durchsonnten Atmosphäre, die zu 80 Prozent aus Stickstoff besteht, wirkt das Astralische abbauend und vegetativ-stauend im Übermaß. Wieviel vegetativ wirksamer, ja, man möchte eigentlich sagen segensreicher, ist dann ein warmer Frühlings- oder Gewitterregen, wenn nicht nur der Boden, sondern auch die Luft großräumig und in großer Höhe feuchtigkeitsgeladen ist. Sofern die Sonne scheint und nicht nur eine Wolkendecke indirektes Licht liefert, ist bei feuchter Atmosphäre auch ihr direktes Licht selbst milder und von den intensiven blauen und ultravioletten Anteilen befreit. Das sinnlich Erfahrbare macht hier das übersinnlich Beschriebene sehr verständlich.[118]

Die Erfahrung spricht ganz für diese Darstellung im sechsten Vortrag. Die Lokalisation des Wirkens von Mond, Merkur und Venus liegt zunächst über der Erde. Nur wenn es dort feucht ist,

---

116 Steiner, R., 1921: Geisteswissenschaftliche Gesichtspunkte zur Therapie. GA 313.
117 Hans Heinze hat sich in früheren Jahren viel mit diesem Aspekt beschäftigt und dazu geäußert, 1983: Mensch und Erde. Geisteswissenschaftliche Leitbilder zur Landwirtschaft. Verlag am Goetheanum, CH-Dornach.
118 l., 38.

kann dieses Wirken in hinreichendem Maß entstehen. Um auf die Pflanzen intensiver wirken zu können, muß es erst in den Boden gezogen oder von ihm aufgenommen werden und wirkt dann von unten nach oben, wie es in Steiners Skizze im 6. Vortrag zum Ausdruck kommt.

Eine sehr gute Ergänzung zu diesem Wirken des Untersonnigen stellt Steiners Darstellung über die ätherischen Kräfte der Wiederkäuer dar, acht Monate vor dem Landwirtschaftskurs, in Dornach:[119]

»Aber er (der Sonnenschein) bedeutet auch etwas anderes für die Erde, je nachdem er verstärkt oder entkräftet wird durch die anderen Planeten unseres Planetensystems.....
In dem wir uns an diejenigen kosmischen Wirkungen wenden, die die Sonne im Verein mit Merkur, Venus, Mond vollführt, kommen wir hinein in das Gebiet, das die Kräfte enthält, die jenes Getier aufnimmt, das uns repräsentiert wird durch die Kuh in dem Sinne, wie ich das gestern auseinandergesetzt habe. Da haben wir das, was die Sonne nicht durch sich selbst machen kann, sondern was die Sonne nur machen kann, wenn sie durch die erdennahen Planeten in ihren Kräften an die Erde herangeführt wird. Wenn diese Kräfte dann alle wirken, wenn sie nicht nur die Luft durchströmen, sondern die Oberfläche der Erde in verschiedener Art durchsetzen, dann wirken diese Kräfte herauf aus den Erdentiefen. Und das, was da heraufwirkt aus den Erdentiefen, das gehört der Region an, die wir äußerlich verkörpert sehen eben in der Organisation der Kuh.«

In den Vorträgen, aus denen dieses Zitat genommen ist, sind die Tiere das Thema. Daß da nicht über Wirkungen auf Pflanzen

---

[119] Steiner, R., 1923: Der Mensch als Zusammenklang. 2. Vortrag, 20. Okt. 1923. GA 230.

gesprochen wird, liegt an diesem Thema und nicht daran, daß es solche Wirkungen nicht gäbe.

Für das Verhältnis zwischen den planetarisch veränderten Sonnenwirkungen über der Erde und im Boden spielt der Jahreslauf eine wichtige Rolle. Im Frühling erwärmt die Sonne die oberste Bodenschicht. Die Luft erwärmt sich am Boden. Das geht aber sehr viel schneller als das Vordringen der Wärme in die Tiefe des Bodens. Dadurch entwickeln sich die Pflanzen im Frühjahr in relativ kühlem Boden. Entsprechend langsam kommt das Bodenleben in Gang, das wir in erster Linie den untersonnigen Lebenskräften zuordnen müssen, welches besonders auch den Stickstoff im Boden freisetzt und damit pflanzenverfügbar macht. Außerdem führt es zur Bodenatmung und damit zur Freisetzung von Kohlendioxid, welches in den Blättern die Stoffbildung beschleunigt. Etwa Mitte Mai bis Mitte Juni kommt es zu einem intensiven Sproßwachstum, in welchem die obersonnigen Wirkungen von *unten* besonders wirksam sind. Sie vermitteln die Pflanzen-Ich-Wirkungen. Das ist in nördlichen Regionen, in denen die Frühlingsentwicklung durch lange Kälte verzögert ist und die Tage sehr lang, außerordentlich beeindruckend und prägt dort die ganze Vegetation. Um Johanni gibt es eine Wachstumsdepression, die auch unabhängig von Temperatur und Feuchtigkeit nachgewiesen wurde.[120] Das ist ein Astralimpuls, d. h. übermächtige obersonnige Wirkung von *oben*. Viele Pflanzen blühen. Die Atmosphäre ist von Blütenpollen erfüllt. Die Frühblüher dagegen, wie Schneeglöckchen usw., auch unsere Obstbäume[121] blühen als Folge der vegetativen Pflanzenentwicklung des Vorjahres, d. h. ihre Blüte ist eigentlich verzögert.

---

120 Rappe, G., 1977: A geographical study of rhythmic growth in gramineous plants. Christianlund, Kalmar.
121 Zeller, O., 1983: Blütenknospen: Verborgene Entwicklungsprozesse im Jahreslauf.

Eine Pflanze muß sich immer zuerst vegetativ, mit ihren grünen Blättern entfalten und aufbauen, bevor sie blühen kann Es gibt also viele Variationen bei den verschiedenen Pflanzenarten. Sommertrockenheit führt zu einer relativen biologischen Bodenruhe. Regenwürmer machen einen Sommerschlaf, eingerollt in der Tiefe des Bodens.

Etwa in der Zeit, in der sich die Bodentemperatur umkehrt, an der Oberfläche wieder kälter wird als in der Tiefe, als Folge verminderter Sonneneinstrahlung, wird sich auch dies Kräfteverhältnis allmählich wieder umkehren. Dieser Zeitpunkt wirkt auslösend für die Herbstfärbung der Bäume. Im Winter ist es unter der Frostschicht wärmer als an der Oberfläche. In derjenigen Tiefe des Bodens, in der ein Temperaturrhythmus im Jahreslauf gerade noch meßbar ist, (Schwankungen der Jahrestemperatur von 1 bis 2 °C) ist der Januar die *wärmste* Zeit (im Fels bei 20 m Tiefe, in nassem Sand bei 14 m, in trockenem Sand bei 4 bis 5 m Tiefe).[122],[123] In der Schicht des Bodens, in der gerade keine Jahresschwankung mehr meßbar ist, herrscht die mittlere Jahrestemperatur des Standorts. Weiter nach unten wird es ganz allmählich wieder wärmer. Das meiste von dem hier Beschriebenen gilt natürlich für das nördliche gemäßigte Klima, wo der Landwirtschaftskurs gehalten wurde. Es muß in anderen Klimabereichen geprüft und umgedacht werden.

---

122 Geiger, R., 1961: Das Klima der bodennahen Luftschicht.
123 Die Wärme als Förderer obersonniger Wirkungen, s. 1. Vortrag. Hierher gehören die verschiedenen Darstellungen Steiners zum Jahreslauf. GA 223 und 229.

7. Vortrag
Die naturintimeren Wechselwirkungen:
Das Verhältnis von Feldwirtschaft, Obstwirtschaft und Viehzucht

Landschaftsgestaltung und Naturschutz als Regulatoren des fließenden Ätherischen und Astralischen

Obwohl der Gesichtspunkt des gemeinsamen Lebens an der Erdoberfläche eines bestimmten landwirtschaftlich gepflegten Standortes der durchgehende Aspekt des Kurses ist, stellt der siebte Vortrag doch so etwas wie den ökologischen Aspekt im engeren Sinne nochmals heraus. Er handelt von dem Zusammenwirken von Acker, Wiese, Aue, Hecke, Obstgehölz und Wald, von den Bedingungen und Wirkungen der Vogelwelt, der Insekten und der Säugetiere, allerdings selbstverständlich unter geisteswissenschaftlicher Betrachtung. Die Landschaftsgestaltung und mit ihr ein aktiver, nicht nur konservierender Naturschutz werden im siebten Vortrag als ein wesentliches Element der Landwirtschaft entwickelt.

»Es finden ja außer diesen groben auch durch feinere Kräfte und auch durch feinere Substanzen, durch Wärme, durch in der Atmosphäre fortwährend wirkendes Chemisch-Ätherisches, durch Lebensäther, fortwährend Wechselwirkungen statt. Und ohne daß man diese feineren Wechselwirkungen berücksichtigt, kommt man für gewisse Teile des landwirtschaftlichen Betriebes nicht vorwärts. Wir müssen namentlich auf solche, ich möchte sagen, naturintimeren Wechselwirkungen hinschauen, wenn wir es zu tun haben mit dem Zusammenleben von Tier und Pflanze innerhalb des landwirtschaftlichen Betriebes. Und wir müssen da hinschauen nicht bloß wiederum auf diejenigen Tiere, die uns zweifellos nahestehen, wie Rinder, Pferde, Schafe und so weiter, sondern wir müssen auch in verständiger Weise hinschauen, sagen wir zum Beispiel auf die bunte Insektenwelt, welche die Pflanzenwelt während einer gewissen Zeit des Jahres umflattert. Ja, wir müssen sogar verstehen, in verständiger Weise hinzuschauen auf die Vogelwelt. Darüber macht sich heute die Menschheit noch nicht richtige Begriffe, welchen Einfluß die Vertreibung gewisser Vogelarten aus gewissen Gegenden durch die modernen Lebensverhältnisse für alles landwirtschaftliche und forstmäßige Leben eigentlich hat. In diese Dinge muß wiederum durch eine geisteswissenschaftliche, man könnte ebensogut sagen, durch eine makrokosmische Betrachtung hineingeleuchtet werden.«[124]

Der siebte Vortrag macht also besonders deutlich, daß Landwirtschaft und Naturschutz in weiten Bereichen zusammengehören und daß sich der Landwirtschaft dadurch bedeutende Aufgaben stellen. Sie liegen letzten Endes im Interesse aller Menschen.

Das Holz der Stämme und Äste wird als „aufgestülpte Erde" bezeichnet. Wie die ganze Pflanze, so entstehen auch Wurzel und Holz aus den Lebensprozessen in den Blättern, in Verbindung mit Wasser, Licht, Luft und Wärme der Umgebung. Die Verholzung setzt meist in der Wurzel ein. Wurzeln enthalten meist mehr Mineralien als die Sprosse. Viele Wurzeln sterben während der Vegetationszeit ab, während sich neue bilden. Die lebenden Wurzeln geben in der Vegetationszeit viele Stoffe an den Boden ab, besonders Säuren, und beleben den Boden, indem sie ihr eigenes Leben abgeben. Die Holzbildung besteht aus Prozessen der Ablagerung, des Festwerdens und des Absterbens. Im Boden entsteht

---

[124] 7., 179.

daraus der Humus, über der Erde reichern sich die Holzmassen in Stämmen und Ästen an. Dieses Absterben wird geisteswissenschaftlich charakterisiert als „den Äther entlassen", „Ätherarmut", „Mineralwerden". Vom Standpunkt des Äthers, des „Darinnenstehens in den Kräften", kann man daher auch sagen, daß Holz aus dem Äther ausgeschieden ist.

In ihrem Blätterdach ist die Baumkrone jedoch intensiv belebt. Diesem Leben steht in der umgebenden Luft eine Ansammlung von Astralität gegenüber. Diese Astralität wird durch die fliegenden Insekten und die Vögel verteilt, was für die ganze Vegetation von großer Bedeutung ist.

Schließlich wird der Vortrag mit einer nicht leicht verständlichen, vergleichenden Betrachtung zwischen einem Tier und der Pflanzenwelt abgeschlossen und damit schon zum Thema des achten Vortrags übergeleitet.

Das Besondere der Tiere

Das spezifizierte Ziel dieser Betrachtung Steiners lautet:
»Was die Tiere eigentlich sind im ganzen Haushalt der Natur bekommt man eigentlich nur heraus, wenn man hinsieht auf dasjenige, womit das Tier in einer ganz unmittelbaren Wechselwirkung steht in bezug auf seine Umgebung.«[125]
Was also ist gemeint?
Ein (höheres) Tier und der Mensch haben durch ihre inneren Organe die Wirkungen des planetarischen Kosmos verinnerlicht, verselbständigt und individualisiert. Die Organe (Gehirn, Herz, Leber, Lunge, Nieren) ersetzen die unmittelbaren Planetenwirkungen bei den Pflanzen. Insofern entspricht ein einzelnes Tier der ganzen Pflanzenwelt, d. h. dem Leben des Organismus Erde

---

125 7., 191.

in seiner Beziehung zur planetarischen Umgebung. Bildlich gesprochen hat das Tier seine Planeten in sich.[126]

Die auf Seite 190 einsetzende Schilderung Steiners sei zunächst nochmals angeführt.
Das Tier lebt, *sofern es ein eigenes Wesen ist*, von dem, was in seiner Umgebung *zuerst durch Luft und Wärme geht* (siehe unten). Es handelt sich um die Wirkungen von Sonne und Mond. Dieses, was da durch Luft und Wärme der Umgebung geht, wird von dem Nerven-Sinnessystem des Tieres unmittelbar verarbeitet.

Diese im Nerven-Sinnessystem verarbeiteten Wirkungen von Sonne und Mond *formen* die Organe des Stoffwechsel-Gliedmaßensystems, wozu auch Magen und Darm gehören. Das Stoffwechsel-Gliedmaßensystem steht dem Nerven-Sinnessystem polar gegenüber. Das eine wirkt also auf das andere.

Mit Erde und Wasser, dem Futter, kann das Tier nicht so unmittelbar leben wie mit Luft und Wärme. Es muß sie zuerst verdauen, umwandeln durch Magen und Darm. Diese Möglichkeit verdanken Tier und Mensch also indirekt der Tätigkeit ihres Nerven-Sinnessytems, weil es mit Hilfe dessen, was es aus der Umgebung unmittelbar aufgenommen hat, auf das Stoffwechselsystem formend wirkt. Es ist dadurch an der Verdauungstätigkeit beteiligt.

Das „eigene Wesen" des Tieres ist in erster Linie der Astralleib. Auch dieser ist polar gegliedert. Im Stoffwechsel-Gliedmaßensystem ist er mit dem Ätherleib und physischen Leib tief verbunden und dort bestimmend für alles Stoffgeschehen usw. Im Nerven-Sinnessystem war er das in derselben Weise nur in der Embryonalentwicklung, während die Organe entstanden.

---

[126] Steiner-Wegman, 1925: Grundlegendes zur Erweiterung der Heilkunst. GA 27.

Nach der Geburt löste er sich allmählich aus dem Nerven-Sinnessystem heraus und ist beim erwachsenen Tier frei von seiner aufbauenden Tätigkeit im physischen Leib. Das ist die Bedingung dafür, daß er der Träger des Bewußtseins ist. Hier bei den Tieren handelt es sich um ein wahrnehmendes und empfindendes, nicht ein denkendes Bewußtsein. In bezug auf seine Umwelt sagt jetzt Steiner, daß dieser Teil des Astralleibes vom Verarbeiten desjenigen Astralen lebt, das *durch die Pflanzen in Luft und Wärme ausgeschieden ist,*[127] erst durch Luft und Wärme geht.[128] „Ausgeschieden" heißt hier, daß es mit dem physischen und ätherischen Leib der Pflanzen nicht mehr unmittelbar verbunden ist.

Gegen Ende des zweiten Vortrags hat Steiner schon einmal über die hier anstehende Frage gesprochen, dort, wo er das Tier in die planetarische Betrachtung der landwirtschaftlichen Individualität einbezieht.[129] Auch dort spricht er von der „Form- und Farbgestalt" des Tieres, von der „Konsistenz und Struktur seiner Substanz" in Verbindung mit den Wirkungen des Vorderen des Tieres und den obersonnigen Kräften, also dem Nerven-Sinnessytem. Auf das Vordere des Tieres wirkt dort „Sonnenbestrahlung", auf das Rückwärtige, also das Stoffwechsel-Gliedmaßensystem, „Mondbestrahlung" als zurückgeworfenes Sonnenlicht.

Wir wollen festhalten, daß für die erwähnten Vorgänge beim Tier dessen Astralleib maßgebend ist. In dem der vordere, freie Teil des Astralleibes Bewußtsein erzeugt, wirkt er auf die hintere ätherisch-physische Organisation wie von außen, formend, d. h. auch festigend, verhärtend, abbauend und schließlich ausschei-

---

127 7., 182.
128 7., 191.
129 2., 60-61.

dend. Bewußtseinsvorgänge haben immer diese abbauende Wirkung im physischen Leib. Dies ist nun verbunden mit demjenigen Astralen in der Luft und Wärme der Umgebung, das von den Pflanzen dorthin ausgeschieden wurde. Es wird vom vorderen, freien Teil des Astralleibes unmittelbar verarbeitet. Es wird den Organen der Stoffwechsel-Gliedmaßenorganisation einverleibt, in dem diese dadurch geformt wird.

Die Ausscheidung von Luft und Wärme durch die Pflanzen

Die Assimilation des Kohlenstoffs aus der Luft mit Hilfe des Lichtes, auch Photosynthese genannt, ist die entscheidende Fähigkeit der grünen Pflanzen. Dabei wird die Kohlensäure der Luft in die flüssigen Lebensprozesse der Blätter aufgesogen, Sauerstoff durch die Spaltöffnungen ausgeschieden. Er stammt aus dem vom Boden aufgenommenen Wasser und ist jetzt natürlich luft- oder gasförmig. Die Pflanzen veratmen aber einen Teil des gebildeten Zuckers wieder und gewinnen daraus die Lebensenergie, besonders für den Aufbau des Eiweißes und der Stoffe des sekundären Stoffwechsels.[130] Dabei entsteht wieder CO_2, das ausgeschieden wird, und es wird Wärme frei, welche die Pflanze auch nicht speichern kann. In den Blüten gibt es fast nur diese abbauende Seite des Stoffwechsels. Es gibt dort nur einen Rest von Aufbau, den von wasserstoffreichen Aromastoffen, welche als Duft die Umgebung durchdringen. So nähern wir uns dem Verständnis der Bemerkung Steiners am Ende des siebten Vortrags, daß die Pflanze vom Ausscheiden von Luft und Wärme lebt. In seinen Notizen aus der Vorbereitung zum Landwirtschaftskurs steht:

»Tiere: Sie haben ihr Eigenleben in Luft und Wärme;

---

[130] Von den Verlustprozessen der Photorespiration der C3-Pflanzen sehen wir hier ab.

sie nehmen in ihr Inneres auf: ätherisierte Erde und Wasser - um
es zu der Luft-Wärmeregion zu heben: sie scheiden das aus, was
astralisierte Erde und Wasser ist.

Pflanzen: Sie haben ihr Eigensein in Erde und Wasser;
sie strömen in ihre Umgebung astralisierte Luft und Wärme: um
sie aus der Erd=Wasser=Region zu befreien. Sie nehmen ätherisierte Luft und Wärme auf.«[131]

Am Ende des zweiten Vortrags schließt an die Betrachtung der
Tiere nochmals die der Pflanzen an.[132] Sie erhalten ihre kosmischen Wirkungen aus dem Inneren der Erde und leiten diese hinauf. Und dadurch, daß die Tiere das fressen, was oberirdisch
gewachsen ist, liefern sie den geeigneten Mist für diesen Ort. Das
gilt verstärkt für Pflanzen, die besonders reich an kosmischen
Wirkungen sind, die Holz- oder Dauerpflanzen (1. Vortrag), von
denen im 7. Vortrag hauptsächlich die Rede ist und die bei der
Laubfütterung erwähnt werden, welche »ungeheuer regulierend
wirkt auf das andere Futter«.

Mit Luft und Wärme leiten die Pflanzen das Kosmische (Astrale)
aus dem Boden hinauf und scheiden sie in ihre Umgebung aus.
Das nehmen die Tiere mit ihrer Nerven-Sinnesorganisation auf.
Von dort wirkt es formend auf Darm und Verdauung, so daß dem
Mist die Kräfte mitgegeben werden, die besonders geeignet sind,
das Unorganische desjenigen Bodens zu überwinden (S. 98-99),
auf dem die Pflanzen gewachsen sind.

---

[131] In Steiners Notizen zum Landwirtschaftskurs Blatt 41. GA 327.
[132] 2., 62.

8. Vortrag
Das Wesen der Fütterung

Der achte Vortrag behandelt nun einige Aspekte des Wesens der Haustiere, wie sie sich aus geisteswissenschaftlicher Betrachtung der Landwirtschaft ergeben und die Empfehlungen, die für Fütterung und Haltung aus dieser Betrachtung hervorgehen. Noch wichtiger ist aber, daß daraus ein Einblick in die Wirkungen entsteht, die von den Haustieren für das biologische Gesamtsystem, für die landwirtschaftliche Individualität ausgehen. Mit großer Deutlichkeit schildert Rudolf Steiner, daß es nicht nur um den Kreislauf der Stoffe geht, sondern daß durch die Ausscheidungen der Tiere das eigentlich Tätige im Pflanzenleben eine Steigerung erfährt, insbesondere qualitativer Art. Hier wird dann ganz deutlich, was der Autor meint, wenn er von der »landwirtschaftlichen Individualität« spricht.

1917 hat er die Dreigliederung der menschlichen Organisation und das Zusammenwirken von Seele und Leib systematisch dargestellt.[133] In verschiedenen Vorträgen und Vortragsreihen vor Medizinern, Pädagogen und anderen hat er diesen Aspekt immer differenzierter beschrieben. Daran knüpft er an, wenn er hier von der *Zwei*gliederung der Tiere spricht. Das ist eine polare Struktur des Organismus nach Gestalt, Organen, Lebensprozessen und Lebenskräften sowie leiblich-psychischen Verhältnissen, in die sich der Organismus selbst aufgliedert und bei der die entstandenen Gegensätze unmittelbar auf- und ineinanderwirken. Zu der

---

133 Steiner, R., 1917: Von Seelenrätseln. 6. Anhangskapitel. Die physischen und geistigen Abhängigkeiten der Menschenwesenheit. GA 21.

außerordentlich großen Vielfalt innerhalb des Tierreiches gehört eine entsprechende Vielfalt bezüglich dieser Gliederung. Hier sind zunächst hauptsächlich die landwirtschaftlichen Haustiere gemeint. Daß auch zwischen den Arten der Haustiere gegensätzliche Organisationsformen bestehen, hat Steiner gründlich dargestellt.[134] Pauschale Äußerungen wie hier über „die" Tiere, setzen immer voraus, daß sich der Leser dieses Reichtums an höchst unterschiedlichen Formen, Lebensweisen usw. bewußt ist und in sich eine fruchtbare Idee nicht zu einer Schablone verkommen läßt.

Im Unterschied zu den Tieren bildet sich beim Menschen diese Polarität in Verbindung mit der Aufrichtung so ausgeprägt und ausgewogen aus, daß zwischen den Polen eine Zone entsteht, in welcher die Pole zu einem rhythmischen Ausgleich miteinander gelangen und sich damit ein relativ selbständiges mittleres Glied herausbildet. Diese *Drei*gliederung ist die leibliche Grundlage für die seelische Möglichkeit, Denken, Fühlen und Wollen voneinander trennen zu können, sich von instinktgebundener Handlungsweise zu befreien, Freiheit und Verantwortung zu erreichen.[135]

Auch in der schwierigen Frage nach den kosmischen Stoffen hat er sich früher schon geäußert und dies viel gründlicher als im Landwirtschaftskurs. Wie er in Dornach vom Kurs in Schlesien berichtet, spricht er auch über diese ihm wichtige Frage und beruft sich[136] ausdrücklich auf seine Darstellung in Panmaenmawr in Wales, England[137]. Wenn man verstehen will, wie sich das

---

134 GA 230.
135 Vogel, L., 1992: Der dreigliedrige Mensch. Morphologische Grundlagen einer allgemeinen Menschenkunde. Hrsg. vom Goetheanum. 3. Auflage, Philosophisch-Anthroposophischer Verlag, CH-Dornach
136 O., 23-24.
137 Steiner, R., 1923: Initiationserkenntnis. 5.Vortrag. Des Menschen Beziehungen zu den drei Welten. GA 227.

nach den Schilderungen Steiners verhält, muß man mindestens diesen Vortrag hinzunehmen. Dann wird seine Schilderung auch mit modernen naturwissenschaftlichen Ergebnissen vereinbar. Die Markierung von Stoffen durch die Anwendung von Isotopen[138] im Futter, in der Atemluft, in Arzneistoffen usw. und deren Verfolgung im Organismus gab es damals noch nicht. Daraus geht hervor und ist vernünftigerweise nicht zu bezweifeln, daß chemische Elemente der Nahrung, also in der Terminologie des 8. Vortrags irdische Stoffe, durchaus im Stoffwechsel-Gliedmaßensystem eingelagert werden.

In Panmaenmawr beschreibt er, daß eine Ausbildung des Stoffwechsel-Gliedmaßensystems aus *geistiger* Substanz, aus *kosmischen Stoffen* vorausgeht, die sinnlich nicht wahrnehmbar sind und über das NervenSinnessystem aufgenommen werden. Die irdischen Stoffe, die über den Nahrungsweg aufgenommen werden, werden in diese geistige Substanz eingelagert, sie sind wie „schwimmend" in der kosmischen. Im Oktober 1923 wiederholt er diese Auffassung unverändert in Dornach.[139]

Es ist naturwissenschaftlich auch sicher, daß Menschen und Tiere Stoffe über die Atmung unmittelbar, d. h. ohne Verdauung, unverändert in das Blut aufnehmen, nicht nur den Sauerstoff. Beispielsweise können so Stoffe der Atemluft während des Melkens über das Blut in die Milch gelangen. Auch das Umgekehrte ist gut bekannt: Der Atem dessen, der Knoblauch gegessen hat, ist viele Stunden lang für seine Umgebung eine Zumutung.

Luftstickstoff wird auch über die Haut aufgenommen und zum Teil

---

138 Isotop: Chemisches Element mit gleichen chemischen Eigenschaften, aber geringgradig höherem Atomgewicht, meist radioaktiv, das, nach der Fütterung, im Organismus wieder auffindbar ist.
139 Steiner, R., 1923: Der Mensch als Zusammenklang. GA 230.

über die Atmung wieder abgegeben (Versuche mit $_{15}N$).[140], [141] Äußerst fein verteilte Schwebstoffe in der Luft werden auch über die Haut aufgenommen, was bemerkbar und zugleich zum Problem wird, wenn die Stoffe radioaktiv sind. Ohne Zweifel ist der Stoffaustausch mit der Umgebung also ein vielfältiges und subtiles Gebiet, so daß die grundsätzlichen Zweifel nicht mehr angebracht sind. Ob das alles mit dem etwas zu tun hat, das Steiner kosmische Ernährung nennt, ist mindestens eine offene Frage. Er charakterisiert diese als nur *über*sinnlich wahrnehmbar. Mit der Isotopentechnik, die solche naturwissenschaftlichen Untersuchungen erst ermöglicht, war 1924 nicht zu rechnen. Sinnlich wahrnehmbar sind weder die Radioaktivität, noch die Stoffmengen, um die es sich hier handelt. Das ist nur in Verbindung mit moderner Technik möglich. Doch fällt dies nach Steiners Charakteristik in das Gebiet des *Unter*sinnlichen. Es handelt sich bei den Stoffen um prinzipiell und ursprünglich Wahrnehmbares, das durch moderne Technik in Bereichen registrierbar gemacht wurde, die ihrer Größenordnung nach weit unter der Sinnesschwelle liegen. Radioaktivität ist allerdings *nur* durch Instrumente zu bemerken. Das darf keinesfalls mit Übersinnlichem verwechselt werden, das nicht durch Apparate, sondern durch menschliche Fähigkeiten wahrnehmbar wird, die über das Denken hinausgehen. Obwohl sich seit 1924 die naturwissenschaftlichen Kenntnisse ganz bedeutend erweitert haben, müssen wir damit rechnen, daß immer noch gilt, was Steiner in Dornach sagte: »Und nichts, nicht einmal die Mittel und Wege, um so etwas zu wissen, nichts ist in der heutigen Wissenschaft gegeben.«

---

140 Muysers, K. u. Mitarb., 1974: Diffusional and Metabolic Components of Nitrogen Elimination through the Lungs. Journal of Applied Physiologie. Vol. 37 No 1.
141 Muysers, K., 1969: Gibt es eine Stickstoffabgabe über die menschliche Lunge? Pflügers Archiv, Vol. 317, Fasc. 2, S. 157-172.

Eine offene Frage ist, ob die kosmischen oder geistigen Stoffe der Haustiere für die Landwirtschaft etwas bedeuten. Am 20. und 21. Oktober 1923 schildert Steiner diese Bedeutung für die Erde, allerdings erst nach dem Tod des Tieres.[142] Geistige Substanz schildert Steiner nur in Zusammenhang mit dem Menschen und mit höheren Tieren, nicht bei Pflanzen. In die landwirtschaftliche Individualität wirkt sie demnach hinein, soweit Säugetiere in sie eingegliedert sind. Auch während des Lebens wird fortlaufend eigene Körpersubstanz des Stoffwechsel-Gliedmaßensystems abgegeben, wie z. B. die Epithelzellen der Darmschleimhaut.

Ich und Ichanlage

Der 8. Vortrag enthält eine Frage, die für die ganze Bestrebung von zentraler Bedeutung ist: Die Steigerung derjenigen Kräfte in der Landwirtschaft, die Steiner im dritten Vortrag in Verbindung mit dem Kohlenstoff das menschliche Ich (soweit der Mensch bei der Betrachtung eingeschlossen ist) oder das *in den Pflanzen wirkende Weltengeistige* nennt.[143]

»Was ist denn nun eigentlich im Kopfe enthalten? Irdische Stofflichkeit. Wenn man also das edelste Organ herausschneidet aus dem Tier, das Gehirn, man hat drinnen irdische Stofflichkeit, nur die Kräfte sind kosmisch, die Stofflichkeit ist eine irdische. Wozu dient dieses Gehirn? Es dient als Unterlage für das Ich. Das Tier hat noch nicht das Ich. Halten wir das ganz richtig fest: Das Gehirn dient als Unterlage für das Ich, das Tier hat noch nicht das Ich, sein Gehirn ist erst auf dem Wege der Ich-Bildung. Beim Menschen geht das immer weiter zu der Ich-Bildung hin. Das Tier hat also ein Gehirn; auf welche Weise ist es entstanden?

---

142 S. Anm. 46.
143 3., 70.

Nehmen Sie den ganzen organischen Prozeß. Alles dasjenige, was da vorgeht, dasjenige, was im Gehirn zum Vorschein kommt als Irdisch-Materielles, wird einfach ausgeschieden, ist Ausscheidung aus dem organischen Prozesse. Da wird irdische Materie ausgeschieden, um als Grundlage für das Ich zu dienen.«[144]

Mehr im *Innern* des physischen Organismus kann nichts sein als das Gehirn. Es ist das von der äußeren Welt abgeschlossenste, emanzipierteste Organ, das es gibt. Dennoch soll es „ausgeschieden" sein. Das kann man nur verstehen, wenn man berücksichtigt, daß Steiner im Landwirtschaftskurs aus der übersinnlichen Anschauung spricht. Das Gehirn ist aus dem Leben, aus dem zugehörigen Teil des *Ätherleibes* herausgelöst und dadurch mineralisch geworden.

Das physische Gehirn wird gebildet durch den Ätherleib und besonders den Astralleib. Diese Bildung bettet das Hirn physisch in einzigartiger Weise in den Schädel und die Gehirnhäute ein. Da es im Gehirnwasser schwimmt, ist es durch den dadurch erfahrenen Auftrieb sogar von den Schwerewirkungen weitgehend befreit. Es bleibt daher zeitlebens in einer Situation, die mit der des Embryo vergleichbar ist. Gerade weil das im physischen Leib so ist, kann es, wenn es ausgebildet ist, von den aufbauenden Kräften des Ätherleibes und Astralleibes verlassen oder, wenn man von Ätherleib und Astralleib ausgeht, aus diesen ausgeschieden werden, ohne dabei zu zerfallen.

Dies ist die Voraussetzung des Auftretens von wachem Bewußtsein. Dadurch entsteht Gedankenfähigkeit, denn die Gedanken haben ihren eigentlichen Sitz im Ätherleib. Sie können nicht

---

144 8., 200.

bewußt werden, solange dieser mit Aufbau und Regeneration des physischen Leibes beschäftigt ist.

Bewußt werden die Gedanken durch den Astralleib, und das Ich bedient sich dieser Fähigkeiten in der Gedanken*führung*, d. h. im Denken. Für unsere normale gegenwärtige Verfassung ist dazu aber erforderlich, daß der Vorgang zu *Abbauvorgängen im physischen Gehirn* führt. In dieser Weise ist das Gehirn die Unterlage für das Ich. Es kommt bei Steiner immer wieder vor: Indem wir vorstellen und denken, wird das Gehirn toter noch als tot. - Indem das Ich sich in der Tätigkeit des Denkens des Gehirns bedient, entzieht es ihm sein Ätherisches völlig. Ätherleib und Astralleib bilden das physische Organ zunächst aus, geben es dann aber gewissermaßen frei für das vorstellende und denkende Ich. Bewußt wird dabei aber gerade nicht das Gehirn, sondern die Welt, sowohl als Sinneswahrnehmung wie als Gedanke bzw. beide miteinander verbunden als Vorstellung oder Wirklichkeit. Das Nervensystem »ist ein Organsystem, das durch die Funktionen des Leibes fortwährend die Tendenz hat zu verwesen, schließlich mineralisch zu werden.« Dadurch, daß die Nerven hohl werden in bezug auf das Leben, werden sie durchlässig für den Geist.[145]

Gehirn und Nervensystem werden nicht von ihrem eigenen Teil des Ätherleibes am Leben erhalten, sondern von der anderen Seite, durch den Stoffwechsel. Der hat aber keine eigentliche Nervenfunktion, dient nicht dem Bewußtsein, sondern der Verhinderung des organischen Zerfalls. Dieser physische Zerfall oder Abbau ist eine Funktion oder Voraussetzung des Bewußtseins. Daher ist der Sauerstoffverbrauch des Gehirns sehr hoch und mit ihm der Stoffverbrauch, hauptsächlich von Zucker. Wenige Minuten unterbrochene Blutversorgung kann zu bleibenden Schäden

---

[145] Steiner, R., 1919: Allgemeine Menschenkunde. Erster Kurs für die Lehrer der beginnenden Waldorfschule. GA 293.

des Gehirns führen. Andere Organe sind diesbezüglich ganz bedeutend weniger empfindlich.

Nun hat aber das Tier noch kein Ich und keine entsprechenden inneren Aktivitäten. Der Bedarf an Substanz für das Gehirn ist viel geringer. Die Gehirne sind bedeutend kleiner. Die Verhältnisse Körpergewicht/Gehirn sind viel weiter. Ein Schwein, das ungefähr soviel wiegt wie ein Mensch, hat ein Gehirngewicht von nur 1/8 oder 1/10 von dem des Menschen.

Nun stellt Steiner den überraschenden und vielleicht schockierenden Vergleich an, daß sich ein ähnlicher Ausscheidungsvorgang im Darm abspiele, ja, ein Gehirn sei ein fortgeschrittener Dunghaufen. Auch beim Darm ist deutlich nicht die Ausscheidung üblicher Art gemeint, sondern die aus dem Ätherleib oder dem Ätherrest des Nahrungsinhaltes. Wir müssen uns von Stoffen ernähren, die selbst in lebendigen Organismen entstanden und daher von einem Ätherleib durchdrungen sind oder waren. Der Darminhalt wird mineralisch, weil eine Funktion der Verdauung darin besteht, die Nahrung, also den Darminhalt von seinem eigenen Ätherischen und Astralischen zu befreien. Es handelt sich ja um Pflanzensubstanz. Die Nahrung muß Substanz des sich ernährenden Organismus werden. Bliebe sie mit ihren eigenen ätherischen Kräften verbunden, würde sie ihr Eigenwesen fortsetzen. Es träte Vergiftung ein. Dieses freiwerdende Ätherische der Nahrung dient dem freien Teil des Ätherleibs des Menschen und damit seinem Bewußtsein. Dieser Vorgang ist beim Tier stark abgeschwächt. Das Ätherische verbleibt beim Darminhalt.

Außerdem findet eine intensive Ausscheidung von Flüssigkeit aus den Verdauungsdrüsen in den Darm hinein statt. In Verbindung mit dem Wiederkauen sondert eine Kuh allein mit den Speicheldrüsen am Tag 120 - 160 l Speichel ab. Leber, Bauchspeicheldrüse, der ganze Dünndarm, sondern Ströme von schleimigen Fermentsäften ab. Die Darmschleimhaut gibt ihre oberste Schicht fast täglich in das Darmlumen ab. Auch das ist eine Ausscheidung aus Ätherleib und Astralleib, natürlich denen des Tieres. D. h. der Darminhalt ist durch die höheren Organisationen von Ätherleib und Astralleib hindurchgegangen und von diesen geprägt, wird aber dann aus diesen Kräften entlassen, wird mineralisch. Dadurch ist er dazu veranlagt, Träger geistiger Kräfte (im eigentlichen, engeren Sinn) zu werden. Er besitzt Ich-Anlage.

Die Analogie zwischen Gehirn und Darm geht vermutlich noch weiter als hier beschrieben. Wenn man die Bauchhöhle eines narkotisierten oder geschlachteten Tieres so öffnet, daß die ursprüngliche Lage des Darmes erhalten bleibt, dann hat der Anblick eine erstaunliche Ähnlichkeit mit dem Äußeren des Gehirns. Daraus allein kann man allerdings gar nichts schließen, wohl aber Fragen stellen. Deren Verfolgung führt auch zu den erheblichen Unterschieden. Neben den erwähnten Vergleichen der Prozesse, welche die Substanz durchmacht, vergleicht Steiner beide zueinander polaren Seiten auf der ätherischen Ebene.[146]

Die Wurzel wird unterstützt in der Aufnahme der Ich-Anlage, wenn sie die richtige Salzmenge im Boden findet, also das rein Mineralische.[147]

Natürlich entsteht nicht nur die Frage nach den Bedingungen, sondern auch nach dem Ich selbst, das in der Anlage wirksam wird. Im dritten Vortrag war einerseits das Weltengeistige genannt worden, das im Kohlenstoff wirken kann und durch und mit ihm die Gestaltungen der Organismen aufbaut, wieder auflöst und damit beweglich erhält. Andererseits war das menschliche

---

146 Steiner, R.: Der Mensch als Zusammenklang. Besonders Teil 3. GA 230.
147 8., 203.

Ich im menschlichen Organismus erwähnt. Was ist das Weltengeistige? Im achten Vortrag bespricht Steiner in diesem Zusammenhang, daß sich durch den Verkehr mit dem vom Tier stammenden Dünger die *Ich-Anlage der Pflanze* entwickele. Das Ich der Pflanzen selbst[148] befindet sich nach seinen Darstellungen nicht in der physischen Welt wie beim Menschen. Es wirkt aus der unteren geistigen Welt wie vom Erdmittelpunkt aus in Richtung der Sonne und erzeugt das vertikale Wachstum der Pflanzen entgegen der Schwerkraft. Die sieben Pflanzen-Iche bilden zusammen das Erden-Ich.[149] Wir können wohl davon ausgehen, daß dies gemeint ist. Ein Ichwesen wie der Mensch wird die Pflanze dadurch selbstverständlich nicht. Schon der Astralleib der Pflanze wirkt auf ihren physischen Leib nur wie von außen, erst recht das Ich. Von hier fällt aber ein Blick zurück auf den vierten Vortrag und das Hornmistpräparat, von dem Steiner sagt, daß es von unten stoße, d. h. im Sinne der Vertikaltendenz wirkt.

Wenn wir das besser verstehen wollen, dann müssen wir das oben im Kapitel über die Zeitsituation angeführte Schema der Wesensglieder jetzt erweitern, wie es sich bei Rudolf Steiner schon in ganz frühen Vorträgen findet und von ihm oft wiederholt wurde (s. Tabelle 2).[150]

Wir sehen an diesem Schema, daß die Wesen der Naturreiche, Tiere, Pflanzen und Minerale doch entsprechende Wesensglieder besitzen wie der Mensch, nur sind diese nicht auf dem physischen Plan anwesend und in ihrer Wirkung im physischen Leib daher sehr eingeschränkt. Die Präparate Rudolf Steiners haben sicher

---

148 Eigentlich sieben Pflanzen-Iche. GA 99. 2.Vortrag. 105, 3. 136, 8. u. 9..
149 Steiner, R., 1912: Die geistigen Wesenheiten in den Himmelskörpern und Naturreichen. Helsingfors. GA 136.
150 Steiner, R., 1906: Vor dem Tore der Theosophie.

Tabelle 2:

	Mensch	Tier	Pflanze	Mineral
Obere Geistige Welt	–	–	–	Ich
Untere Geistige Welt	–	–	Ich	Astralleib
Astralplan	–	Ich	Astralleib	Ätherleib
Physische Welt	Ich Astralleib Ätherleib Physischer Leib	– Astralleib Ätherleib Physischer Leib	– – Ätherleib Physischer Leib	– – – Physischer Leib

die Aufgabe, die höheren Wesensglieder der Pflanze stärker als gewöhnlich wirksam werden zu lassen.

Astralplan, untere Geistige Welt und obere Geistige Welt sind „Regionen" der übersinnlichen Welt und nur durch übersinnliche Fähigkeiten beobachtbar und erforschbar.

Gesundheit besteht darin, daß das geistige Wesen des Organismus den physischen Leib durchdringt und letzterer überall und jederzeit Ausdruck dieses Wesens ist, **Krankheit**, wenn das nicht der Fall ist. Es kommt daher nicht nur darauf an, den physischen Leib der Pflanzen, Tiere und Menschen in möglichst günstige Bedingungen zu stellen und vor schädlichen Einflüssen zu schützen, sondern das geistige Wesen selbst zu aktivieren. Wir haben gesehen, daß das wieder eine vielfältige Sache ist.

Darüber hinaus ist daran zu denken, daß eine Pflanze mit einer verstärkt entwickelten Ich-Anlage für den sich ernährenden Menschen eine bessere physische Grundlage liefert für dessen geistiges Ich-Wesen. Beim Menschen lebt sein Ich, der eigentliche geistige Kern seiner Persönlichkeit, wirklich im physischen Leibe. Die geistig-seelische Entwicklung des Menschen ist in erster Linie von seiner eigenen freien Initiative abhängig. Niemand kann „sich in den Himmel essen". Ob aber der Leib ein geeignetes Instrument des Menschengeistes ist oder ob er letzterem starke Widerstände entgegensetzt, gegenüber denen das menschliche Ich eventuell nicht stark genug ist, das ist auch eine Frage der Ernährung und der Nahrungsqualität. Ist das Physische der Nahrung ätherisch-astralisch durchgestaltet? Trägt es Ätherisches und Astralisches mit sich? Bringt die Ich-Anlage der Pflanze in die Ernährung die Bedingungen für das willentliche Eingreifen des Menschen-Ich in seinen Stoffwechsel? So können wir, den achten Vortrag zusammenfassend, sagen, daß Düngen nicht nur im Ätherisieren und Astralisieren des Bodens und der Pflanzen bestehen sollte, sondern auch im Durchziehen mit einer werdenden Ichkraft.

Es bleibt wahrscheinlich kaum jemandem erspart, sich manchmal etwas verzweifelt zu fragen, warum das alles so kompliziert und schwierig sein muß. Doch denken wir nur an den physischen Leib der Pflanzen, Tiere und Menschen, wie er durch die naturwissenschaftlichen Erkenntnisbemühungen unserer Zeit immer genauer bekannt wird. Ganz verschiedene Wissenschaftsgebiete befassen sich mit ihnen. Der einzelne Wissenschaftler ist schon seit langer Zeit nicht mehr in der Lage, alles zu kennen, was auf seinem Fachgebiet an Erkenntnis veröffentlicht ist. Es ist zu viel und zu kompliziert. Er muß sich spezialisieren. In welches Fachgebiet man sich auch forschend einarbeitet, man kommt nicht an eine Grenze, an der man sagen könnte: Hier wissen wir alles, es kann nichts Neues mehr hinzukommen. Je weiter man vordringt, um so erstaunlicher, ja wunderbarer wird es, wenigstens für den, der vor sich selbst ehrlich und für solche Empfindung offen bleibt. Die Wirklichkeit selbst ist es, die sich als immer komplizierter, ja wunderbarer erweist, je besser man sie kennenlernt. Das ist offensichtlich nach der geistigen Seite ähnlich, obwohl dort die größeren Zusammenhänge deutlicher werden, während dem Blick durch das Mikroskop und durch die ganze ins Kleine gehende wissenschaftliche Technik immer mehr die Einzelheiten ins Bewußtsein gelangen.

Zusammenfassung

Fassen wir den Kurs nochmals zusammen. Jeder Vortrag ist wie ein neuer großer Schritt Rudolf Steiners, ein neuer Grundaspekt der Landwirtschaft, des Lebens, der Natur und des Menschen, die sich schließlich zu einem Ganzen zusammenrunden.

1. Das Leben auf der Erde beruht auf Tätigkeiten übersinnlicher Art, die ihre Quelle in der Sonne und ihre Differenzierung im planetarischen Kosmos haben. Die Erde ist dessen Glied und in ihn gewissermaßen eingetaucht. Die Kräfte, die das Leben erzeugen und erhalten, sind polar gegliedert, wie der Planetenkosmos auch: obersonnige und untersonnige Planeten. Für deren Wirkungen sind Mineralien der Erdoberfläche Vermittler, kieselige und kalkige. In sehr feiner Verteilung sind sie auch in der Atmosphäre enthalten. Wärme unterstützt die obersonnigen, Feuchte die untersonnigen Wirkungen.
2. Wo sich ein natürliches Leben findet, zeigt es sich in einer natürlichen sozialen Ordnung im Sinne einer Lebensgemeinschaft und einer vertikalen, polaren Ordnung der Lebenskräfte. Es bestehen vielfältige Abhängigkeiten und Wechselwirkungen zwischen oben und unten. Diese Ordnung entspricht einem Organismus höherer Art, besonders dem des wachsenden Menschen. Dieser örtlich-räumliche Organismus liefert einen notwendigen Begriff für das rechte Verstehen einer Landwirtschaft, die eine auch in der Zeit fortlebende Individualität darstellt. In den Jahreszeiten hat sie ihren wichtigsten Lebensrhythmus.
3. Das auf der Erde wirkende Geistige ist in vier Gebiete hierarchisch geordnet: Physisch-Mineralisches; Lebendiges (Äthe-

risches); Beseeltes (Astralisches) und das eigentlich Geistige (Ich-artige). Alles Geistige braucht immer physische Träger, Kohlenstoff, Sauerstoff, Stickstoff und Wasserstoff.
4. Die wichtigste Funktion der Düngung ist die Belebung des Bodens, besonders auch des „Festen der Erde selber". Man muß das Ätherische, ja sogar das Astralische überall hin ergießen. Das gelingt durch die Zubereitung und Anwendung von Hornmist und Hornkiesel.
5. Um die Fähigkeiten der Pflanzen zu aktivieren, das was der Boden an Wirkungen enthält, auch in den eigenen Leib aufzunehmen und zur Geltung zu bringen, können weitere Zubereitungen verwendet werden aus Schafgarbe, Kamille, Brennessel, Eichenrinde, Löwenzahn und Baldrian, teilweise unter der Verwendung tierischer Hüllen.
6. Um die Erde ungeneigt zu machen, unerwünschte, schädliche Organismen gedeihen zu lassen, können aus diesen Organismen abwehrende Präparate hergestellt werden.
7. Die Landschaftsgestaltung in Verbindung mit der Förderung und Regelung der frei lebenden Pflanzen und Tierwelt hat eine wichtige Funktion für die Verteilung und Harmonie der Lebenskräfte der Landwirtschaft. In diesem Sinne ist Naturschutz eine wichtige Aufgabe der Landwirtschaft.
8. Eine an den Standort angepaßte Tierhaltung ist ein wichtiger Bestandteil einer gesunden Landwirtschaft. Durch ihre emanzipierte Stoffwechselaktivität und das am Standort gewachsene Futter kommt es zu einer Steigerung der Ich-Anlage der landwirtschaftlichen Individualität.

Überblickt man das Ganze des Kurses und die Stellung des Kurses im Gesamtwerk Rudolf Steiners, so offenbart sich die Biologisch-Dynamische Wirtschaftsweise als die Bestrebung, die praktischen Konsequenzen aus der durch Anthroposophie bedeutend erweiterten Erkenntnis der Wirklichkeit zu ziehen. Abgesehen von der Ideenfülle, die zum Verständnis der vollen, insbesondere auch geistigen Wirklichkeit beiträgt, von der die sinnliche abhängig ist, werden von Rudolf Steiner grundlegende Ideen, Gesichtspunkte zum Verständnis der Lebensverhältnisse und zur praktischen Gestaltung der Landwirtschaft entwickelt. Die Biologisch-Dynamische Wirtschaftsweise ist daher nur sehr eingeschränkt auf bestimmte Maßnahmen und Unterlassungen festzulegen, weil die Vielfalt der Natur in den so unterschiedlichen Klimaräumen, der Menschen und der sozialen Verhältnisse unter den gleichen Grundaspekten zu sehr unterschiedlichen Wegen der Verwirklichung führen kann und vielfach auch führen muß. In diesem Zusammenhang liegt auch die Entwicklungsfähigkeit dieser Arbeitsweise begründet, sowohl nach der Seite der Erkenntnis als nach der praktischen Handhabung. Man kann sich aus Gründen klarer Vorgaben für den einzelnen und klarer Verhältnisse für Handel und Verbraucher zu Festlegungen entschließen, die durch die Erfahrung gestützt sind. Das hat viele wichtige Vorteile. Man darf aber solche privatrechtlich oder auch öffentlich-rechtlich vereinbarten Bestimmungen nicht mit der Sache selbst verwechseln. Letztere muß sich entsprechend dem Erkenntnisfortschritt wandeln und entwickeln können.

Anhang

Seitenzahlen der Anfänge der Vorträge, aus denen zitiert wurde, um in anderen Ausgaben und Übersetzungen des Landwirtschaftskurses die Stellenangaben leichter zu finden.

Zur Einführung. Ansprache in Dornach nach dem Kurs 9
1. Vortrag 25
2. Vortrag 42
3. Vortrag 63
4. Vortrag 85
Fragenbeantwortung 104
5. Vortrag 119
Fragenbeantwortung 140
6. Vortrag 149
Fragenbeantwortung 170
7. Vortrag 178
8. Vortrag 195
Fagenbeantwortung 218
Ansprache am 11. Juni 1924 in Koberwitz 229

Anmerkungen

Zahlenangaben für Stellennachweise ohne Quellenangabe beziehen sich immer auf den Landwirtschaftskurs. Seit der Herausgabe im Gesamtwerk von 1963 haben alle Nachdrucke die Seiteneinteilung beibehalten. Um das Auffinden der erwähnten Stellen auch in älteren Ausgaben und in Übersetzungen zu erleichtern, betrifft die erste Zahl den Vortrag (0 = Zur Einführung und 1 - 8), die Zahl nach dem Komma die Seitenzahl der Ausgaben ab 1963.

Oben werden die Seitenzahlen der Vortragsanfänge der verwendeten Ausgabe mitgeteilt, so daß jeder auch in anderen Ausgaben finden kann, um die wievielte Seite des Vortrags es sich handelt.
GA steht für „Gesamtausgabe" von Rudolf Steiners Werk. Mit der angefügten Nummer ist der Band eindeutig bestimmt, in welchem die Bezugsstelle enthalten ist, auch wenn kein Titel angegeben ist (siehe bibliographische Übersicht des Rudolf Steiner Verlages).

Adressen

Deutschland

DEMETER-Bund e.V.
Baumschulenweg 11, D-64295 Darmstadt
Tel.: 06155-4061, Fax: 06155-5774
(Vertragswesen, DEMETER-Zeichen-Vergabe, Schutzbeiträge)

Forschungsring für Biologisch-Dynamische Wirtschaftsweise
Baumschulenweg 11, D-64295 Darmstadt
Tel.: 06155-2674, Fax: 06155-5774
(Richtlinien für die Anerkennung der DEMETER-Qualität, Einführungskurse, Zeitschrift „Lebendige Erde", Beratung, Auslandsberatung)

Institut für biologisch-dynamische Forschung
Brandschneise 5, D-64295 Darmstadt
Tel.: 06155-84210, Fax: 06155-842125
(Forschungsprojekte)

Auskunfts- und Beratungsstelle
Ingeborg Obermaier
Brandschneise 5, D-64295 Darmstadt
Tel.: 06155-77398, Fax: 06155-4895
(Auskunfts- und Beratungsstelle für Tätigkeiten und Ausbildung auf biologisch-dynamischen Betrieben im In- und Ausland)

Arbeitsgemeinschaft für Verarbeitung und Vertrieb von DEMETER-Erzeugnissen e. V. (AVV)
Hauptstraße 82, D-70771 Leinfelden-Echterdingen
Tel.: 0711-902540, Fax: 0711-9025454
(Marketing, Förderung von Verarbeitung und Vertrieb)

DEMETER-Dienste GmbH
Hauptstr. 82
D-70771 Leinfelden-Echterdingen
Tel.: 0711-902540, Fax: 0711-9025454
(Herausgeber und Versand der DEMETER-Blätter, Versendung von Kennzeichnungsmaterial für DEMETER- und Biodyn-Erzeugnisse)

Schweiz

Produzentenverein für biologisch-dynamische Landwirtschaft
Grabenackerstr. 15, CH-4142 Münchenstein
Tel.: 0041-61416-0643, Fax: 0041-61416-0644

Naturwissenschaftliche Sektion, Abteilung Landwirtschaft
Hügelweg 59, CH-4143 Dornach
Tel.: 0041-61-7064212, Fax: 0041-61-7064215

Österreich

Österreichischer Demeter-Bund
Rosensteingasse 43, A-1170 Wien
Tel.: 0043-1-4861457, Fax: 0043-1-4803597

„Alternative Konzepte"

Die kompetente Buchreihe der Stiftung Ökologie & Landbau

Klimaänderung und Landbau
Die Agrarwirtschaft als Täter und Opfer
Bernhard Burdick
1994, Band 85, 438 Seiten
ISBN 3-7880-9855-4

Neben der Industrialisierung stellt die Landwirtschaft eine wesentliche Ursache für eine zunehmende anthropogene Beeinflussung und Veränderung des Klimas dar. Ausmaß und Geschwindigkeit der Klimaänderungen lassen sich zur Zeit nur abschätzen. Die Vorgänge, die nach heutigem Wissensstand zur Klimaänderung führen werden, deren mögliches Ausmaß und ihre Auswirkungen auf die Pflanzen- und Tierproduktion werden ausführlich dargestellt.

Betriebslehre für den ökologischen Landbau
Gerhardt Preuschen/Nicola Oßwald
1993, Band 83, 163 Seiten
ISBN 3-7880-7456-6

Diese Betriebslehre berücksichtigt die Besonderheiten des ökologischen Landbaus, indem sie die Tatsache miteinbezieht, daß alle Aufgaben auf dem ökologisch geführten landwirtschaftlichen Betrieb organisch miteinander verbunden sind. Diese Betriebslehre behandelt deshalb Standort, Boden, Pflanzen, Tiere, Arbeit, Maschinen und Absatz. In den Planungskapiteln des Buches werden jedoch auch Wege aufgezeigt, wie Fehlentwicklungen der industrialisierten Landwirtschaft (Massentierhaltung, Spezialisierung etc.) behoben werden können.

EG-Verordnung „Ökologischer Landbau"
Eine juristische und agrarfachliche Kommentierung
Hanspeter Schmidt/Manon Haccius
2., vollständig überarbeitete und ergänzte Auflage 1994, Band 81, 559 Seiten
ISBN 3-7880-9863-5

Die Verordnung der Europäischen Gemeinschaft über den ökologischen Landbau und die Kennzeichnung seiner Produkte (2092/91/EWG) ist an in allen EG-Mitgliedstaaten wie ein Gesetz verbindlich. Die Autoren erläutern aus rechts- und agrarwissenschaftlicher Sicht die in weiten Teilen nur schwer verständlichen und nicht immer widerspruchsfreien Regelungen. Sie zeigen, wie das EG-Recht in der Rechtsordnung der Bundesrepublik Deutschland angewendet wird.

Gentechnik und Landwirtschaft
Folgen für Umwelt und Lebensmittelerzeugung
Günter Altner/Wanda Krauth/Immo Lünzer/Hartmut Vogtmann (Hrsg.)
2., ergänzte Auflage 1990
Band 64, 248 Seiten
ISBN 3-7880-9799-X

Dieses Buch behandelt schwerpunktmäßig die Bereiche Pflanzenproduktion, Tierproduktion, Lebensmittelerzeugung/-Verarbeitung, Nahrungsmittel-Design und nachwachsende Rohstoffe, sowie die Konsequenzen, die sich dabei für die Dritte Welt ergeben. Die Neuauflage wurde ergänzt um das Memorandum für das Gesetz zum Schutz von Natur und Menschen vor den Gefahren der Gentechnologie.

Die Buchreihe *„Alternative Konzepte"* wird von der *Stiftung Ökologie und Landbau (SÖL)* herausgegeben. Die „Alternativen Konzepte" sind im Buchhandel erhältlich und erscheinen im *C. F. Müller Verlag*, Im Weiher 10, 69121 Heidelberg. (Bitte ausführliches, kostenloses Verzeichnis anfordern.)

Ökologischer Landbau

Pflanzengesundheit und ihre Beeinträchtigung
Kranke Pflanzen durch Agrarchemie
Vorwort von José A. Lutzenberger
Francis Chaboussou
2., ergänzte Auflage 1996
Band **60**, 150 Seiten
ISBN 3-7880-9891-0

Warum erkranken Pflanzen? Der französische Forscher F. Chaboussou hat sein Leben dieser Frage gewidmet. Er beschreibt in diesem Werk die Ursachen der gegenwärtigen Zunahme der Pflanzenkrankheiten und Schädlingsprobleme. Eine dieser Ursachen bilden die Pestizide, die hier mit zahlreichen Beispielen auf der Anklagebank stehen. Die andere Ursache liegt in dem Stoffwechsel der Pflanzen, die durch „moderne" Anbauverfahren aus dem Gleichgewicht gebracht werden. Aus diesen Erkenntnissen zeigt der Autor neue Wege zur Pflanzengesundheit ohne Pestizide.

Kommunen entdecken die Landwirtschaft
Perspektiven und Beispiele einer zukunftsfähigen Agrarpolitik in Dorf und Stadt
Frieder Thomas/Manuel Schneider/ Jobst Kraus (Hrsg.)
1995, Band **94**, 348 Seiten
ISBN 3-7880-9894-5

In diesem Buch beschreiben und bewerten Fachleute ihre Erfahrungen mit kommunalem Engagement für eine bäuerliche und ökologische Landwirtschaft. In einem einführenden Teil wird der historische Wandel der Stadt-Land-Beziehung und das derzeit wiedererwachende Interesse von Städten, Gemeinden und Landkreisen an der Landwirtschaft dargestellt. Im zweiten Teil werden anhand zahlreicher konkreter Projekte die Hintergründe, Ziele, Methoden und Hemmnisse kommunaler Agrarpolitik beleuchtet. Abgeschlossen wird diese erste umfassende Darstellung der Thematik mit einem ausführlichen Informationsteil.

Ökologische Grünlandbewirtschaftung
Peter Manusch/Ewald Pieringer (Hrsg.)
1995, Band **91**, 180 Seiten
ISBN 3-7880-9876-7

Von erfahrenen Beratern und Wissenschaftlern werden die Besonderheiten einer ökologischen Grünlandbewirtschaftung dargestellt.

Ökologischer Feldgemüsebau
Beiträge aus Praxis Wissenschaft und Beratung
Hartmut Heilmann/ Ulrich Otto Zimmer (Hrsg.)
2., ergänzte Auflage Herbst 1996
Band **72**, 226 Seiten
ISBN 3-7880-9875-9

Praktiker, Wissenschaftler und Berater des ökologischen Landbaus behandeln Probleme und Möglichkeiten des Feldgemüsebaus im bäuerlichen Betrieb. Die Beiträge zu Bodenpflege, Jungpflanzenanzucht, Pflanzenschutz und mechanischer/ thermischer Beikrautregulierung werden ergänzt durch Anregungen zur Anbautechnik ausgewählter Kulturen. Als wichtige Kriterien der Entscheidungsfindung werden Vermarktungs- und betriebswirtschaftliche Fragen berücksichtigt. Darüber hinaus wird der Qualität der Ernteprodukte besondere Beachtung geschenkt.

Bauern stellen um
Praxisberichte aus dem ökologischen Landbau
Jochen Benecke/Barbara Kiesewetter/ Hans Urbauer
2., durchgesehene Auflage 1990
Band **62**, 188 Seiten
ISBN 3-7880-9754-X

Aufbauend auf sieben Betriebsberichten werden alle Probleme der Umstellung und Betriebsführung behandelt, vom sozialen Bereich bis hin zum Generationsproblem, vom Ackerbau bis zur Tiergesundheit, von der Betriebswirtschaft bis zur Vermarktung, von der Beratung bis zur Kritik an der Wissenschaft.

Ökologischer Landbau

Ackerbaulehre nach ökologischen Gesetzen
Das Handbuch für die neue Landwirtschaft
Gerhardt Preuschen
1991, Band **75**, 354 Seiten
ISBN 3-7880-9838-4

Die moderne intensive Landwirtschaft wird immer mehr als Verursacher von Umweltschäden in Luft, Wasser und Boden erkannt. Der Landwirt selbst sieht die zunehmende Bodenverdichtung, die Erosion und immer neue Krankheiten bei Pflanzen und Tieren. Dieses Handbuch beschreibt die Grundlagen des ökologischen Landbaus und zeigt den Weg in die praktische Anwendung. Der Autor führt mit praktischen Ratschlägen aus über 60 Jahren Erfahrung von der Bodenerkennung und Bodenbearbeitung, über den Pflanzenbau, Tierhaltung, Arbeitswirtschaft und Landtechnik zum Aufbau des Betriebs als ein in die Natur eingebetteter Organismus mit gesunden Böden, Pflanzen und Tieren. Ein Nachschlagewerk für Landwirte in Praxis, Verwaltung, Beratung, Politik und Wissenschaft.

Lebensmittelqualität – ganzheitliche Methoden und Konzepte
Angelika Meier-Ploeger/ Hartmut Vogtmann (Hrsg.)
2., überarbeitete Auflage 1991
Band **66**, 296 Seiten
ISBN 3-7880-9845-7

Nach der Problematisierung des Qualitätsbegriffes aus Sicht der Wissenschaft und der Verbraucher werden neue Dimensionen aufgrund wissenschaftlicher Erkenntnisse zur Erweiterung der Definition des Qualitätsbegriffes vorgestellt. Die entsprechenden Methoden (u. a. Sensorik, Nachernteverhalten, Vitalaktivitätsbestimmung, Biophotonenmessung) und Ergebnisse werden von den jeweiligen Fachleuten dargestellt. Auf der Basis ernährungsphysiologischer Untersuchungen als Indikatoren für die Lebensmittelqualität werden die entsprechenden Forderungen für alternative Ernährungsformen definiert.

Ökolandbau in den Tropen
Pionierbeispiel Rwanda
Egger/Korus
1995, Band **86**
ca. 325 Seiten
ISBN 3-7880-9866-X

Das Buch liefert Beiträge zur aktuellen Diskussion um die praktische Umsetzung des Ecofarming-Konzeptes. Es werden neueste Erfahrungen zu einzelnen Methoden dargestellt, z. B. Bodenverbesserung, Bodensicherung und Bodennutzung. Ein Hauptanliegen dieses Buches ist die Vermittlung einer standortgerechten Beratungsstrategie.

Ökologische Landwirtschaft
Landbau mit Zukunft
Hartmut Vogtmann (Hrsg.)
2. Auflage 1992, Band **70**, 334 Seiten
ISBN 3-7880-9846-5

Von namhaften Fachleuten werden die Grundkenntnisse über Ökologie und Landbau vermittelt. Dabei wird besonders eingegangen auf ökologische und bodenbiologische Fragen, Lebensmittelqualität, Vermarktung, Ökonomie, Biotechnologie, Tierhaltung und standortgerechten Landbau, auch in der Dritten Welt. Es ist ein Buch für Interessierte an einer zukunftsorientierten Agrikultur, für Bauern, Wissenschaftler und Studenten, für Politiker und Bürger, die den Ausweg aus der Krise der industrialisierten Landwirtschaft suchen. Dieses Buch zeigt: der ökologische Landbau ist ein realisierbarer Weg, ein Weg der Vernunft.

Kompostierung
Optimale Aufbereitung und Verwendung organischer Materialien für den ökologischen Landbau
Ralf Gottschall
5. Auflage 1992, Band **45**, 296 Seiten
ISBN 3-7880-9798-1

Gesundheit und Ernährung

Pestizide und Gesundheit
Vorkommen, Bedeutung und Präventation von Pestizidvergiftungen
Beiträge anläßlich eines Seminars des Pestizid Aktions-Netzwerk (PAN)
*Wolfgang Bödeker/
Christa Dümmler (Hrsg.)*
2., vollständig überarbeitete Auflage 1993
Band **74**, 248 Seiten
ISBN 3-7880-9860-0

Rückstände der sogenannten Pflanzenschutzmittel finden sich inzwischen in der Luft, der Nahrung und dem Trinkwasser. Darüber hinaus sind die Anwender von Pestiziden und die Anrainer landwirtschaftlich genutzter Flächen oft direkt diesen Stoffen ausgesetzt. Welche gesundheitlichen Auswirkungen von einer Exposition gegenüber Pestiziden zu erwarten und bereits beschrieben sind, wird in diesem Band zusammengestellt.

Bei vielen Menschen sind Allergien die Antwort des Körpers auf Überbelastung. Durch die zunehmende, kritiklose Verwendung synthetischer Chemikalien in allen Lebensbereichen wird der Punkt der Überbelastung bei immer mehr Menschen immer früher erreicht.
Bereits in den USA wurden erste Zusammenhänge zwischen körperlich-psychischen Beschwerden und chemischen Umweltfaktoren beobachtet. Hilfe ist möglich durch genaue Analyse der krankheitsauslösenden Ursachen. Mit ausführlichen Anleitungen.

Ökologisches Ernährungssystem
Das Konzept einer umwelt- und sozialförderlichen Ernährung
*Karl Friedrich Müller-Reißmann/
Joey Schaffner (Hrsg.)*
1990, Band **68**, 211 Seiten
ISBN 3-7880-9773-6

Ernährung und Psyche
Erkenntnisse der Klinischen Ökologie und der Orthomolekularen Psychiatrie
Anne Calatin (Hrsg.)
6. durchgesehene Auflage 1995
Band **43**, 120 Seiten
ISBN 3-7880-9878-3

Allergien: Folgen von Umweltbelastung und Ernährung
Chronische Erkrankungen aus der Sicht der Klinischen Ökologie
Theron G. Randolph/Ralph W. Moss
7. Auflage 1995, Band **49**, 372 Seiten
ISBN 3-7880-9874-0

In dem Buch wird die Ernährung des Menschen von der Landwirtschaft bis zur fertigen Nahrung auf dem Tisch als technologisches Gesamtsystem begriffen und als ganzes einer Kritik unterzogen. Gemessen an den Kriterien der mittleren Technologie erweist sich das heute vorherrschende Ernährungssystem als ineffizient und anachronistisch: Es belastet die Natur weit mehr als nötig; es beraubt den Menschen der Fähigkeit, sich selbst zu helfen; und es macht die Ernährung zu einer Hauptursache der Krankheit. Hierzu wird ein geschlossener Gegenentwurf entwickelt, in den als Bausteine der Ökologische Landbau, eine regionale Vermarktung und die Vollwertnahrung integriert sind, und am Beispiel des Brotes konkretisiert.

Ökologie/Mittlere Technologie

Small is Beautiful
Die Rückkehr zum menschlichen Maß
Ernst F. Schumacher
Eine Publikation der Stiftung Ökologie
und Landbau, Bad Dürkheim
1993, Band **87**, 284 Seiten
ISBN 3-7880-9868-6

Allenthalben gerät die Ökonomie, begriffen als Methode der Ausbeutung und Expansion, an Grenzen. Der gewaltige Sprung in den wirtschaftlichen Gigantismus der letzten Jahrzehnte hat zugleich auch eine Krise erzeugt: Grenzen sind sichtbar und teilweise überschritten worden. E. F. Schumachers Buch „Small is Beautiful" gilt inzwischen als Klassiker für eine alternative Wirtschaftsweise. Es ist seit 1988 vergriffen, aber weiterhin höchst aktuell. Deshalb hat sich die Stiftung Ökologie und Landbau entschlossen, dieses Buch zu aufzulegen.

E. F. Schumacher hat Anfang der siebziger Jahre der Stiftung entscheidende Impulse für ihre Arbeit gegeben. Der deutsch-englische Ökonom und ehemalige Wirtschaftsmanager hat die Grundlagen für das Konzept der mittleren Technologien und des ökologischen Landbaus gelegt, insbesondere in Großbritannien und den Vereinigten Staaten. Er gehörte zu den bedeutendsten Kritikern der technischen Zivilisation und hat bis zu seinem Tod im Jahr 1977 das vorgelebt, was er gefordert hat: er förderte technische Alternativen und betrieb einen kleinen Öko-Bauernhof.

Die Natur ins Recht setzen
Für eine neue Gemeinschaft allen Lebens
Manuel Schneider/Andreas Karrer (Hrsg.)
1992, Band **82**, 284 Seiten
ISBN 3-7880-9852-X

Daß die natürliche Mitwelt nicht nur um des Menschen Willen, sondern auch um ihrer selbst willen zu schonen und zu schützen ist, ist ein Gedanke, dem sich immer mehr Menschen öffnen: Natur ist mehr als bloße Lebensgrundlage und Ressourcen für uns Menschen. Die Beiträge in diesem Buch entwickeln aus ethischer, juristischer, theologischer und ökonomischer Sicht Gründe und Motive für einen solchen Einstellungswandel, der die Natur in ihrem Eigenwert anerkennt. In ausgewählten Problemfeldern (Gentechnik, Landwirtschaft, Tierschutz) werden konkrete Vorschläge erarbeitet, wie die Gemeinschaft allen Lebens heute Gestalt gewinnen kann.

Ökologisch denken
Strategien mittlerer Technologie:
Schadstoffvermeidung und Gesundheitsvorsorge – erneuerbare Energien und Energiesparen – ökologische Landwirtschaft – ganzheitliche Wissenschaft – Selbstverantwortung
*Karl Werner Kieffer/
Wolfhart Dürrschmidt/Immo Lünzer/
Gerhard Möller (Hrsg.)*
Mit einem Vorwort von Robert Jungk
1988, Band **67**, 452 Seiten
ISBN 3-7880-9758-2

Autoverkehr 2000
Wege zu eiem ökologisch und sozial verträglichen Straßenverkehr
*Helmut Holzapfel/Klaus Traube/
Otto Ullrich*
3. Auflage 1992, Band **51**, 210 Seiten
ISBN 3-7880-9847-3

Ausgehend von einer Analyse der negativen Folgen des Autoverkehrs (Unfälle, Lärm, Luftbelastung, Energie- und Flächenverbrauch) wird die Geschwindigkeit als wesentlicher verursachender Faktor dieser Folgen ausgemacht. Eine Abschätzung zeigt, daß eine verschärfte und technisch unterstützte Geschwindigkeitsbegrenzung die negativen Auswirkungen der Autonutzung erheblich vermindern würde. Daß für eine ausreichende ökologische und soziale Verträglichkeit des Verkehrs jedoch auch das Volumen des motorisierten Individualverkehrs verringert werden müßte, zeigt das Schlußkapitel.

Die Erde bewahren – Dimensionen einer umfassenden Ökologie
Festschrift zum 80. Geburtstag
von Karl Werner Kieffer
Immo Lünzer (Hrsg.)
1992, Band **80**, 375 Seiten
ISBN 3-7880-74558

Die Stiftung Ökologie und Landbau (vormals Georg Michael Pfaff Gedächtnisstiftung) wurde vor 30 Jahren von Karl Werner Kieffer begründet. Der vorliegende Band geht weit über den üblichen Rahmen einer Festschrift hinaus: 30 Fachleute, welche die Stiftungsaktivitäten von Karl Werner Kieffer begleitet haben, beschreiben konkrete alternative Konzepte zu den Themenbereichen Ökologie, Technik, Politik, Recht, Landbau, Ernährung und Gesundheit.

Unterstützen Sie die Beratung

Ökologischer Landbau dient allen

Das Interesse an Lebensmitteln aus kontrolliertem ökologischem Anbau nimmt ständig zu. Das hat mehrere Gründe.

Immer mehr **Verbraucher** erkennen:
- Biologische Produkte sind schmackhafter, bekömmlicher und rückstandsärmer.
- Der ökologische Landbau schont Böden, Gewässer und die Landschaft.
- Bio-Landwirte verzichten auf Massentierhaltung.

Immer mehr **Bauern** stellen fest:
- Der Wettlauf um immer höhere Massenerträge stößt an ökologische und ökonomische Grenzen.
- Die Abhängigkeit von teuren Importen und staatlichen Subventionen wird immer größer.
- Die zunehmende Rationalisierung und Technisierung zerstört landwirtschaftliche Arbeitsplätze und Existenzen.

Einer der Hauptgründe, warum nicht mehr Bauern nach den Richtlinien des ökologischen Landbaus arbeiten, ist der Mangel an **qualifizierten Beratern** für die Umstellung.

Die Stiftung Ökologie & Landbau fördert daher in einem Sonderprojekt die Aus- und Weiterbildung von Beratern für die ökologische Agrikultur. Darüber hinaus betreibt die Stiftung einen speziellen Informationsdienst für Berater, um aktuelle Informationen gezielt weiter zu geben. Doch die Mittel reichen nicht aus. Helfen Sie bitte durch eine Spende – zu Ihrem eigenen Wohl und im Interesse Ihrer Kinder –, die erfreuliche Entwicklung des ökologischen Landbaus zu fördern und das Erreichte zu stabilisieren. Die Stiftung Ökologie & Landbau sendet Ihnen auf Wunsch gerne eine Spendenbescheinigung und weitere Informationen.

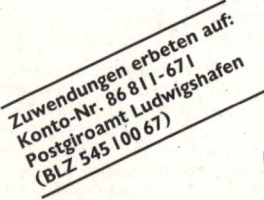

Zuwendungen erbeten auf:
Konto-Nr. 86811-671
Postgiroamt Ludwigshafen
(BLZ 545 100 67)

Postfach 1516
D-67089 Bad Dürkheim
Telefon (06322) 8666
Telefax (06322) 8794

Stiftung Ökologie & Landbau

SÖL-Sonderausgaben

Für Theorie und Praxis

Die SÖL-Sonderausgaben erscheinen als Ergänzung zu der Zeitschrift „ÖKOLOGIE und LANDBAU".

Nr.		DM/sFr
22	Preuschen: **Die landwirtschaftliche Nutzung von Wassereinzugsgebieten**	4,80
23	J. v. Liebig: **Naturgesetze im Landbau** (1995)	5,80
25	Kallenbach: **Vollwert-Ernährung und Öko-Landbau** (ca. Frühjahr 1997)	ca. 9,80
26	**Einkaufen direkt beim Biobauern** (1995)	14,80

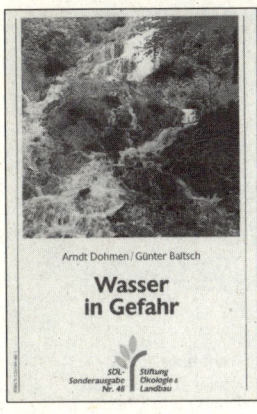

Nr.		DM/sFr
2	Preuschen: **Eine Anleitung zur Spatendiagnose**	5,80
6a	**Adressenliste zum Öko-Anbau, Diskettenversion**	30,00
7	**Literaturliste** (1995)	5,80

Hefte zur Umstellung auf Öko-Landbau von Preuschen/Bernath/Hampl:

8	(I/1.) **Der Aufbau der Bodengesundheit**	4,80
11	(I/4.) **Düngung** (1995)	4,80
12	(I/5.) **Futterbau**	4,80
16	**Basisrichtlinien der IFOAM** (1995)	9,80
17	**Rahmenrichtlinien für den ökologischen Landbau** (April 1996)	6,80
18	**Bodengesundungskonzept der SÖL**	4,80
19	**Medienhandbuch Öko-Landbau**	9,80
20	**Öko-Landbau – ca. 160 Folienvorlagen DIN A4**	27,80
27	Walter: **Nichtchemische Unkrautregulierung** (1995)	13,80
28	Vogtmann: **Ökologischer Gartenbau**	12,80
29	Hampl et al.: **Umstellung auf ökologischen Weinbau** (1995)	14,80
31	BÖW/SÖL: **Aktuelle Beiträge zum ökologischen Weinbau**	16,80
32	Weber/Balzer: **Pestizide besonders gefährlich für Kinder**	7,80

SÖL-Sonderausgaben

Nr.		DM/sFr
33	Preuschen/Hampl: **Ökologisches Grundwissen**	4,80
34	Hämmerle: **Ackerschlagkartei** (DIN A4)	9,80
35	SÖL: **Stallkartei** (DIN A4) (Frühjahr 1997)	ca. 4,80
36	Preuschen: **Mensch und Natur**	16,80
37	Hampl: **Bodengesundung**	5,80
38	**Das Vermächtnis von Schultz-Lupitz**	7,80
42	Zerger (Hrsg.): **Forschung im ökologischen Landbau**	29,80
43	Hirn et al.: **Die EG-Bio-Verordnung – Diskussionsbeiträge**	7,80
44	Hermanowski: **Ökologische Landwirtschaft und Großverbraucher** (1996)	9,80
45	**EG-Bio-Verordnung** (Texte)	19,80
46	Schaumann: **Rudolf Steiners Kurs für Landwirte** (Dez. 1996)	14,80
47	Zehr/Zerger: **Bioplan (EDV-Programm und Handbuch)**	149,–
48	Dohmen: **Wasser in Gefahr**	11,80
49	Hermanowski: **Arbeit mit Behinderten in der Landwirtschaft**	7,80
50	SÖL: **Leben aus gesunder Erde** (1995)	2,80
53	**Kompostierung – die technischen Aspekte**	4,80
54	**Technik der artgerechten Tierhaltung**	12,80
55	**Energie auf dem Bauernhof**	15,80
56	**Bodenbearbeitung und Beikrautregulierung** (1996)	14,80
57	Freyer et al. (Hrsg.): **Betriebswirtschaftliche Aspekte im biologischen Landbau** (1995)	29,80
58	**Ökologischer Landbau – Perspektive für die Zukunft**	29,80
61	Preuschen: **Kleine Weltgeschichte** (1996)	19,80
62	Hoffmann: **Lebensmittelqualität** (1995)	9,80
63	AGÖL/SÖL: **Verpackung ökologischer Lebensmittel** (1996)	9,80

Nr.		DM/sFr
64	Hampl et al. (Hrsg.): **Öko-Weinbau** (1995)	29,80
65	Schaumann: **Der wissenschaftliche und praktische Entwicklungsweg des Öko-Landbaus** (Frühjahr 1997)	ca. 9,80
66	Haccius (Hrsg.): **Ökofleischerzeugung; Verbraucherwünsche, Zielgrößen** (1996)	19,80
67	Katalyse: **Nutzhanf** (1996)	12,80
70	Schmidtke et al.: **Gentechnikfreie Lebensmittelerzeugung** (1996)	14,80

Stand: 29. 10. 1996

Bezug:

DEUKALION

Fachverlag für Landwirtschaft und Ökologie
Postfach 11 13   Fon (0 41 03) 9 75 45
D-25488 Holm   Fax (0 41 03) 9 75 07

Leben aus gesunder Erde — **Stiftung Ökologie & Landbau**